AF403709

Gabriel PÉROUSE

LA VIE EN BUGEY

au XVIe Siècle

Crimes, délits et faits divers

BELLEY

IMPRIMERIE LOUIS CHADUC

1914

Gabriel PÉROUSE

LA VIE EN BUGEY

au XVIᵉ Siècle

Crimes, délits et faits divers

BELLEY

IMPRIMERIE LOUIS CHADUC

1914

La Vie en Bugey au XVIᵉ Siècle

Crimes, délits et faits=divers

CE titre étonnera peut-être; assurément, on aurait mauvaise grâce à prétendre peindre notre Société d'après les débats de nos cours d'assises et de nos tribunaux correctionnels, et il est évident que, pour aucune époque, il ne faut confondre la chronique criminelle avec l'histoire. Elle en fait partie, cependant, et peut servir à l'éclaircir, dès qu'on tient un compte suffisant du caractère exceptionnel des faits qu'elle relate. Il est peu de documents, en effet, plus vivants que les témoignages recueillis dans une enquête; il en est peu qui nous fassent pénétrer plus intimement dans la familiarité des hommes d'autrefois, et nous les montrent mieux, pris sur le vif, avec leurs habitudes et leur langage.

A ce titre, on pourra trouver quelque intérêt aux huit dossiers criminels dont nous allons donner l'analyse, en nous bornant scrupuleusement, bien entendu, à résumer les faits de chaque cause, et sans rien citer, notamment, « entre guillemets », qui ne se lise textuellement dans les procès-verbaux rédigés par les greffiers à l'audition des témoins. C'est même une des surprises qu'on aura peut-être, de voir combien, à cette époque où les littérateurs écrivaient un français bien différent du nôtre, la langue parlée ressemblait à celle de nos jours.

Ces huit affaires ont eu un théâtre commun, le Bugey, pays limitrophe de la Savoie, dont il suivait le sort. Comme elle, en 1536, il avait été occupé par la France, quand François Iᵉʳ voulut

Le Bugey

s'emparer de ce gage dans sa lutte contre Charles-Quint, dont le duc de Savoie Charles III était l'allié. Le fils de Charles III, Emmanuel-Philibert, fut remis en 1559 en possession de ses Etats, y compris le Bugey, mais cette province devait, avec la Bresse, échapper à son successeur en 1601, pour rentrer en France deux siècles et demi avant la Savoie. Nos affaires criminelles appartiennent, pour les unes, au temps de l'occupation française, et, pour les autres, à l'époque qui suivit, après la restauration des princes savoyards. Une cour souveraine de justice existait dans les Etats de Savoie pendant ces deux périodes, avec le nom de Parlement pour la première, et le nom italien de Sénat pour la seconde. Le Parlement et le Sénat siégèrent à Chambéry, et c'est dans cette ville, aux archives du Palais, que nos dossiers ont été conservés.

Au-dessous de la cour suprême, la justice était administrée en Bugey, au nom du Souverain, par un magistrat résidant à Belley, et il y avait en outre, dans chaque seigneurie, ou du moins partout où le seigneur du lieu avait le droit de juridiction, un juge local, assisté de son procureur d'office, qui tenait la place de notre parquet, et de son curial ou greffier. Un autre officier encore participait à l'instruction des affaires, et c'était le châtelain; cet agent, dont les attributions administratives étaient étendues, n'était donc, dans l'ordre judiciaire, qu'un fonctionnaire subalterne, et il fallait le signaler, parce que son titre pouvait prêter à équivoque. On se rappellera aussi que le syndic, dans chaque commune, était à peu près notre maire.

Une affaire de famille, à Châtillon-de-Michaille

Du temps que la loi salique réglait la succession au trône, et que le même droit héréditaire s'appliquait à la transmission des fiefs et des titres de la noblesse, l'aristocratie n'était pas seule à pratiquer le culte du nom, et à lui sacrifier au besoin les intérêts individuels. Ces principes étaient chers à toutes les classes également, et partout chaque famille tendait à maintenir, dans son milieu, son rang, ses traditions et ses biens, et à durer autant que possible, en dépit des accidents et des fautes personnelles. Chez les paysans, dans nos régions, la terre se conservait par l'indivision, qui la gardait aux mâles, groupés autour du foyer primitif, tandis que l'argent gagné servait à doter les filles, qui partaient sans toucher à un lopin des champs, comme les fils entrés dans les ordres, et comme ceux qui abandonnaient, de temps à autre, pour courir le monde, la communauté familiale.

Ces notions, adaptées à un autre milieu, étaient souvent aussi vives chez les habitants des villes, des toutes petites villes de jadis, marchands ou gens de loi; ils avaient renoncé à l'unité basée sur l'indivision des biens, impossible à maintenir pour eux, mais non à la solidarité étroite qui unissait les parents, faisait leur honneur et leur déshonneur communs, imposait à tous les mêmes traditions et donnait à chaque famille une attitude de dynastie, fière de son passé et soucieuse de s'assurer l'avenir par des alliances — à prendre ce mot dans tous les sens — avec les meilleures d'entre ses égales.

De là découlaient, pour les chefs de ces familles, des devoirs qu'ils n'oubliaient guère, ou bien leurs parents, conseillers ordinaires et presque nécessaires de leur vivant, prenaient après eux, et à leur place, les résolutions qu'ils jugeaient opportunes, sans toujours s'inquiéter de savoir si la loi, d'accord avec la nature, leur en reconnaissait le droit. La famille Passerat avait ces principes, et les mit en pratique dans des conditions que la justice du temps, déjà un peu plus individualiste, trouva mauvaises.

C'était dans la petite ville de Châtillon, chef-lieu du mandement de Michaille. Charles Passerat y avait exercé des fonctions, probablement celles de notaire, qui lui avaient permis de se qualifier « maître ». Trois de ses frères y vivaient aussi, Louis, Jean et Georges, lequel était prêtre. Un autre prêtre du lieu, Philibert Passerat, était son oncle, et il y résidait également des cousins du même nom. C'était donc une famille solidement établie dans sa ville, dont tous les hommes savaient écrire, ce qui n'était pas si commun en ce temps, et qui semble appartenir au type que nous avons défini. Toutefois, quand il vint à mourir, en laissant deux filles en bas âge, Charles Passerat confia leur tutelle à sa femme, Denise, et au lieu de choisir ses exécuteurs testamentaires parmi ses parents, il donna ce titre à un docteur en droit, maître Pierre Mermet, et à un prêtre, messire Janus du Boysson.

Ces dispositions étaient-elles dûes à une mésintelligence existant entre Charles Passerat et les siens, ou bien avaient-elles été inspirées au défunt par l'influence de sa femme ? Ce soupçon ne fut probablement pas sans venir à l'esprit des Passerat, qui constatèrent, peu après, qu'il se passait du nouveau dans la maison de défunt Charles : le châtelain de Châtillon, un nommé Morin ou Morinis, y fréquentait assidûment, le bruit courait qu'il allait épouser la veuve, et même qu'il se proposait de marier à ses deux fils, dont l'un était notoirement imbécile, les deux filles orphelines. Ce dernier point intéressait la famille, qui ne pouvait admettre que difficilement qu'on disposât, sans son consentement, et pour leur faire contracter une alliance peu souhaitable, de deux filles qui portaient le nom et se trouvaient au surplus, ce qui devait avoir attiré Morinis, les héritières de la fortune, non négligeable, de leur père.

L'aînée, Pernette, avait treize ans au plus, sans qu'aucun des témoins ou accusés, qui furent plus tard interrogés, pût dire exactement son âge; pour sa sœur Etiennette, même imprécision entre huit, neuf, dix et onze ans, mais il semble bien qu'elle était plus près de huit que de onze. Cette question avait son intérêt, car nous allons voir marier ces enfants, à ces âges précoces, pour l'honneur de la famille Passerat, tout comme les jeunes princesses dont la main s'accordait alors par des traités signés entre les nations. Au vrai, c'était pour les Passerat le moyen le plus sûr d'éviter l'évènement qu'ils redoutaient : « Morinis veut prendre et fiancer ces filles, disaient-ils, mais nous les ferons épouser à d'autres ».

Ceux dont un témoin rapporta ce propos étaient Jean Passerat et son frère Georges, le prêtre, qui menèrent la chose. Environ cinq semaines après la mort de Charles, dans la soirée du 29 juin 1545, les deux petites filles furent amenées par messire Georges dans la maison de l'oncle Jean, qui n'était éloignée de la leur, où leur père avait vécu, que de la largeur du chemin : « Par le sang Dieu, auraient dit alors les deux frères, qui le nièrent du reste à l'audience, nous avons ce que nous demandons, car nous avons les filles; fassent ce qui leur plaira de la mère ». Ils nièrent aussi les avoir enfermées dans la chambre, celle du poële, où elles furent installées, et qui avait une fenêtre sur la rue; de fait, des témoins les virent, le lendemain, qui allaient et venaient par la maison restée ouverte aux voisins; toutefois elles n'en sortaient pas, et la porte était gardée la nuit, pour prévenir un enlèvement que Morinis, à son tour, aurait pu essayer.

Alors, les oncles se mirent à chercher « quelque parti commode et profitable pour lesdites filles », et pensèrent à une famille alliée et amie de la leur, bien connue et bien posée, la famille du Boysson, chez qui leur frère Charles lui-même, nous l'avons dit, avait pris l'un de ses exécuteurs testamentaires. Le chef de cette famille, maître Philibert du Boysson, était notaire à Vouvray, gros village voisin de Châtillon, et il avait deux fils, que les filles Passerat connaissaient pour les avoir vus souvent en visite chez leur père. L'aîné, Jean, notaire aussi, avait de vingt-huit à trente ans; le second, Jacques, avait entre quinze et seize ans; celui-ci était un peu jeune pour le marier, outre qu'à ce moment il était malade et alité; au demeurant, son âge convenait à celui de la petite Etiennette, si ce mariage précoce était faisable, tandis que son frère était vieux pour la jeune Pernette, mais ce n'était pas à ces difficultés qu'on pouvait s'arrêter.

Les frères Passerat allèrent parler de leur projet à Vouvray le 30 juin, sans plus tarder, expliquant qu'il fallait se presser. Le notaire envoya donc aussitôt à Chambéry, où son fils aîné se trouvait alors, en lui intimant de venir au plus vite. Il arriva, et le 3 juillet — c'était ne pas perdre de temps — il rencontra chez son père messire Georges; celui-ci lui remontra que les Passerat avaient été alliés avec les Du Boysson, « que les alliances étaient déjà au cinquième degré, et qu'ils avaient été toujours bons amis, et qu'il fallait continuer ladite amitié et renouveler lesdites alliances »; qu'enfin les « parents et amis » de Pernette étaient disposés à la lui donner.

Le procédé d'offrir une fille était un peu étrange, mais les circonstances l'expliquaient aux Du Boysson père et fils, qui savaient bien d'ailleurs, étant notaires, que quantité de choses se décidaient ainsi par « parents et amis », dont le conseil et l'assentiment se recueillaient alors si ordinairement, pour être signalés dans les contrats, quand même il s'agissait du mariage d'un adulte. Ils partirent donc à l'instant, tous les deux, avec messire Georges, pour Châtillon où ils étaient attendus, dans la maison de Jean Passerat, par les parents et amis en question.

C'étaient, avec lesdits oncles Jean et Georges, l'un des deux exécuteurs testamentaires choisis par le père des pupilles, mes-

sire Janus du Boysson, la tante Guillaume, femme de Jean Passerat, et un Roland Passerat; le vieux grand oncle, messire Philibert Passerat, qu'on avait consulté à l'avance, n'avait pas pu
venir, mais plus tard, en apprenant ce qui s'était passé, il déclara
« qu'il était bien joyeux, puisque la chose était faite ». Le vicaire
de Châtillon, messire Jean Rubatton, et maître Humbert Savoye,
lui aussi notaire royal de Vouvray, avaient été convoqués et se
trouvaient présents, car les Passerat avaient escompté l'assentiment de Jean du Boysson; quant au petit Jacques, retenu par la
fièvre dans sa chambre, il ne fut averti par son père qu'après les
fiançailles faites, « en quoi, dit-il ensuite à l'enquête, il prit plaisir, et eut contentement de ce que sondit père avait fait ».

Ces fiançailles eurent lieu dès que les gens de Vouvray arrivè-
rent à Châtillon, au soir de ce 3 juillet. Jean du Boysson commença par prendre Pernette à part, qui lui dit que puisque ce
mariage plaisait à ses parents et amis, il lui plaisait aussi, « et
qu'elle n'en savait point qu'elle aimât plus que lui ». Alors ils se
fiancèrent, devant les assistants, par serment prêté sur les heures
que le vicaire Rubatton tenait entre ses mains, et Du Boysson le
père, au nom de son fils Jacques, en fit autant avec la petite
Etiennette. Le notaire Savoye dressa acte des fiançailles, et donna
lecture d'un contrat rédigé d'accord entre les parents des parties.

Les gens partirent ensuite, sauf les oncles et Jean du Boysson;
on soupa, et Pernette disait à son futur que, s'il s'en allait, elle
s'en irait avec lui, et sa sœur disait de même, et Jean du Boysson
leur répondait que, si elles le voulaient, il en était content. De
fait, après le souper, il prit en croupe, sur son cheval, sa jeune
fiancée; l'oncle Jean prit Etiennette avec lui, et par la nuit d'été,
au clair de lune, on franchit gaiement les trois quarts de lieue qui
séparent Châtillon de Vouvray. Le notaire était du voyage. Du
Boysson père les attendait, et les deux petites Passerat passèrent
la nuit avec l'une de ses filles.

Pour pressé qu'on fût, on ne pouvait omettre la formalité des
bans. Le vicaire Rubatton, qu'on en avait chargé, avait obtenu
du vicaire général du diocèse de Genève une dispense, assez
usuelle, qui permettait de s'en tenir à une seule publication. Lui-
même la fit à Vouvray, qu'il desservait aussi, en y célébrant la
messe du dimanche 5 juillet; aussitôt après, dans une chambre de
la maison Du Boysson, il procéda au double mariage. On s'excu-

sait de cette cérémonie à domicile, si naturelle en la circonstance, sur ce que les jeunes épouses « étaient mal en ordre d'accoutrements ». Il n'y eut d'ailleurs pas, et Pernette semble l'avoir regretté, « grandes solennités, car n'y avait aucuns tabourins ni autres instruments accoutumés être aux noces qui se font au pays ». Les oncles Georges, Louis et Jean étaient présents, ce dernier avec sa femme, un autre oncle Billiot, avec sa femme, et le cousin Roland Passerat. On banqueta après la célébration et le soir, bien que le jeune Jacques fût à peine remis de sa mauvaise fièvre, chacun des nouveaux ménages eut sa chambre.

Le tour était joué, et ses filles définitivement ôtées à leur mère Denise, la veuve de Charles Passerat.

Le jour même de l'enlèvement, elle avait parlé de se plaindre : « Hélas ! disait-elle, on m'a pris et dérobé mes filles, mais je m'en irai à Belley et en demanderai justice et raison, et si je n'ai justice à Belley, je l'irai demander à Chambéry à la Cour ». Au fait, elle attendit le jour où les fiançailles devaient se conclure pour s'adresser, conjointement avec celui des deux exécuteurs testamentaires dont les oncles Passerat n'avaient pas obtenu le concours, à Claude de Maillans, docteur en droit, juge ordinaire commis par le Roi en la terre et juridiction de Châtillon. Elle se plaignait qu'on eût enlevé ses filles « par subornation et flatterie », pour les emmener sans son consentement, « qu'est chose scandaleuse, et sentant force, violence et voie de fait ». M. de Maillans commit maître Simon Rubat, sergent royal au bailliage de Bugey, qui, le 6 juillet, lendemain du mariage, entendit les témoins cités par la plaignante, parmi lesquels un François Chevalier et un Amand Jourdan, de la commune voisine de Ballon. Les frères Passerat devaient tenter plus tard de récuser leur témoignage, sur ce que Ballon était alors en procès contre la commune de Châtillon pour une affaire de marché; sur ce que, en outre, Chevalier était un ivrogne, ce que l'autre ne niait point, reconnaissant « qu'il travaille bien aux vignes, et boit bien quand il trouve du vin »; et sur ce que, enfin, Jourdan était « trompeur et déceveur de filles », ce que l'autre niait, disant qu'il en avait débauché une, qu'il avait épousée depuis.

Quoi qu'il en fût, l'affaire parut grave au Parlement, qui s'en saisit et cita à Chambéry, par ordonnance du 13 juillet, témoins et prévenus, ainsi que les nouvelles petites mariées. Une des questions était de savoir comment elles avaient été amenées, le 29 juin, dans la maison de leur oncle Jean. Pernette, interrogée par le conseiller Boyer, soutint qu'elle avait agi spontanément; on lui disait dans le village : « vous aurez le simple, Pernette, vous aurez le simple », et ce simple était le fils du châtelain Morinis, le futur que sa mère lui avait choisi; ces railleries la déterminèrent, un beau soir qu'avec sa petite sœur elle était au four banal, à se réfugier chez son oncle, où elle n'entendit ensuite parler de ses fiançailles que le jour même où elles se célébrèrent. Etiennette montra moins d'assurance à l'enquête : elle raconta qu'elle avait suivi sa sœur, que son mari Jacques lui convient, « et tant que Dieu lui donnera santé, elle n'en aura point d'autre », mais, en se souvenant que sa mère les appelait, le soir de leur fuite, en criant : « Mes filles, criez alarme, jetez-vous par les fenêtres », la pauvre petite pleure devant le juge, « et dit qu'elle voudrait bien être avec sa mère ».

Ces deux témoignages ne chargeaient guère les frères Passerat, et ils se gardèrent d'en rien démentir, représentant d'ailleurs qu'ils provenaient de leurs nièces, « qui sont filles de bien ». C'est de son gré, confirmaient-ils, que Pernette s'était confiée à eux, émue du projet de sa mère en ce qui la concernait : « mon oncle, avait-elle dit à Georges, je vous prie que, entre vous autres mes oncles, y vouliez avoir du regard ». C'est à tort, ajoutaient-ils, que les témoins cités par leur belle-sœur les accusaient d'avoir employé l'intimidation; d'après ces témoignages, en effet, Pernette, appelée par Georges à plusieurs reprises, dans cette soirée du 29 juin, avait été conduite par lui dans la maison de Jean contre son gré, comme Etiennette un peu après elle; même, l'un de ces témoins aurait dit alors aux frères Passerat : « Messieurs, vous feriez bien mal de prendre ces filles en cette sorte, car vous vous en pourriez bien repentir. — Par le sang Dieu, aurait répondu Georges, je te ferai bien mêler de tes affaires ».

Du côté des Du Boysson, les prévenus étaient le père, qui dit à l'interrogatoire qu'il n'avait pas cru mal agir, « car tout fut fait par les parents desdites filles », et Jean, son fils aîné, qui donna la même excuse, ajoutant qu'au surplus il croyait que la mère était absente de Châtillon, et qu'autrement elle eût assisté au mariage. Le notaire Savoye et le prêtre Rubatton déclarèrent aussi qu'ils avaient pensé bien faire en prêtant leur concours aux parents des parties, et il est certain que les vieilles mœurs les autorisaient à tenir ce langage.

Le Parlement, toutefois, voulut faire un exemple, qui réformât l'opinion sur ce point et consacrât le droit des parents ou tuteurs à disposer de leurs enfants ou pupilles sans que leur rôle passât pour pouvoir être impunément usurpé par des conseils de famille dépourvus de mandats réguliers, et le Parlement aurait aussi voulu consacrer les ordonnances rendues pour la publicité des noces et contre les unions trop précoces. Il dut pourtant renvoyer la question de la validité du mariage à la cour ecclésiastique, qui ne pouvait que la reconnaître; quant aux prévenus, l'arrêt du 9 septembre 1545 condamna Georges Passerat à 20 livres d'amende, et son frère Jean à 100 livres; Philibert du Boysson s'en tira pour 10 livres, et les autres furent acquittés. On voit que ces peines étaient douces, et le procureur général avait demandé bien davantage, mais le Parlement n'avait pas cru que les mœurs permissent plus de rigueur.

Le clan du trésorier Alliod

La forte constitution de la famille entraînait cette conséquence, en en rendant les membres solidaires, que la querelle de l'un devenait celle de tous les autres, et il en allait parfois ainsi quand même le coup qui le frappait était une condamnation judiciaire. Les gens de robe n'ont jamais été très aimés, et ils savent bien encore à quelle inertie, à quelle sourde hostilité ils se heurtent quelquefois dans les campagnes quand ils ont à instruire une affaire. Il arrivait aux magistrats du XVIe siècle de subir aussi les effets de cette méfiance, et, de plus, leur autorité n'était pas toujours nettement reconnue par les populations.

Il y avait eu alors, depuis longtemps, des exemples faits par les rois pour enseigner aux grands seigneurs le respect des tribunaux, mais ils avaient glissé sur l'esprit de la foule. La justice locale elle-même ne s'administrait pas sans heurts, et pourtant elle était administrée dans nos villages par des agents choisis parmi les habitants et façonnés à leurs mœurs. Quant à la haute justice, rendue là-bas à la Cour souveraine, par des magistrats inconnus, elle gagnait, il est vrai, du prestige à cet éloignement aux yeux de ceux qu'elle protégeait, mais elle y perdait parfois en force auprès de ceux qu'elle atteignait et qui, en ce temps où la gendarmerie n'était pas inventée, pouvaient tenter, au fond de leurs campagnes, une opposition plus ou moins ouverte à des arrêts venus de loin. Un clan y prenait parti pour eux, composé des parents et amis, et le procès primitif revêtait alors les proportions d'une mêlée, généralement assez confuse, entre ce clan et la justice royale.

Il en fut ainsi dans l'affaire du trésorier Georges Alliod, natif de Jujurieux en Bugey.

Il avait exercé, sous le règne du duc Charles III de Savoie, la charge importante de receveur général des finances de Bresse, Bugey et Valromey, qui lui fut conservée quand ces pays passèrent, en 1536, aux mains du roi François Ier. Le gouvernement français lui marquait ainsi une confiance peut-être un peu imprudente, car enfin Charles-Quint, en 1531, l'avait anobli pour dévouement et fidélité à l'Empire, ou, si ce n'était lui, c'était son homonyme et l'un de ses parents. Or, la cause de l'empereur et celle du duc de Savoie, dépossédé depuis, étaient liées, et tous deux étaient les adversaires du roi de France, dont il ne semble point que Georges Alliod ait tenu à justifier la confiance. C'était d'autre part un homme violent, souvent en démêlés avec la justice. Il y avait, par exemple, l'histoire de certain acte suspect qu'il avait, le poignard à la main, obligé l'un de ses serviteurs à signer; il y avait son affaire contre Me François Lombard, juge de Bugey, qui lui reprochait des injures et des voies de fait, et au cours de ce procès il s'était rendu coupable de « désobéissances et rébellions », pour lesquelles il avait été condamné le 10 juillet 1540. Il y avait aussi la réclamation que plusieurs particuliers, qu'il avait poursuivis et fait incarcérer abusivement, avaient présentée contre lui, et ceux-là venaient de le faire condamner, le 12 août 1544, à leur payer des sommes assez fortes à titre d'indemnité.

Le trésorier, sentant venir le coup, était accouru « au pays » et parents, alliés et amis s'étaient empressés autour de lui; son gendre l'avait prévenu sitôt l'arrêt rendu, et son beau-frère Claude Piccard, châtelain de Montréal, le retira dans sa maison de Jujurieux, sous la garde de sept ou huit hommes. « Vous venez pour exécuter le trésorier, mais vous ne le trouverez pas, on dit qu'il est chez Piccard », déclarait l'hôte de la Croix-Blanche, à Jujurieux, au sergent royal qui descendait le 16 août à son auberge, et il prédisait juste. Le sergent vint en effet à la maison de Piccard en lui réclamant Alliod, de par le roi, et Piccard, bien leste en paroles pour un châtelain, de répondre : « Il n'est pas céans, allez-vous en le chercher autre part, de par le diable ». A ce moment, ainsi qu'en témoigna plus tard, entre autres, Bernardin Mallequin, grimpé alors sur un haut poirier dont il cueillait les fruits, le trésorier quittait la maison Piccard par une porte de derrière et gagnait les bois. Il atteignit la Franche-Comté, qui appartenait à l'empereur, et devint l'homme d'affaires de la duchesse Béatrix, la femme du duc de Savoie.

La justice française, cependant, se rabattait sur les vignes du fugitif, sises à Jujurieux, qu'elle séquestra, et qu'il fallut bientôt, septembre venant, faire vendanger pour le compte des créanciers. L'huissier Langloys en fut chargé, et sa mission ne laissait pas que d'être épineuse, car il avait affaire au groupe des amis d'Alliod, qui travaillaient à l'empêcher de trouver des vendangeurs, et ces amis étaient, entre autres, son gendre Pierre Orcet, châtelain de Varey, et le frère de celui-ci, Jean Orcet, lui aussi fonctionnaire des environs et châtelain du mandement de St-Jean-le-Vieux.

Tous ces châtelains, bien que gens de loi et de droit, prenaient vertement le parti d'Alliod, au point qu'ils insultaient l'huissier et les vendangeurs qu'il avait racolés à grand peine. A l'un d'eux, Pierre Orcet disait : « Par le sang Dieu, si vous faites déplaisir à mes parents, je vous trancherai la tête dessus les épaules », et à d'autres, qui causaient de l'affaire : « Vous qui causez de nos parents, je vous battrai bien, je vous tordrai le nez — Ne me touchez point, répliqua l'un des hommes menacés, je suis en la sauvegarde du Roi, je vous le signifie ». De tous côtés, sur les chemins et dans les vignes, les vendangeurs étaient ainsi inquiétés et bousculés; l'huissier Langloys, enfin, intervenant pour intimer aux Orcet de ne pas molester ses hommes plus longtemps, s'attirait cette répartie : « Vive Savoie, vous ne nous ferez rien, nous recouvrerons notre seigneur naturel », et Pierre Orcet, en parlant ainsi, faisait une pirouette.

La nouvelle qu'il annonçait, et dont il avait eu sans doute la primeur, venait de loin, mais elle avait voyagé vite.

A Crépy-en-Laonnais, le 18 septembre, avait été signé l'un de ces traités successifs par lesquels on croyait éteindre la querelle de la France et de l'Empire, déjà si longue, et qui devait néanmoins durer si longtemps encore, jusqu'à ce que la Maison d'Autriche eût abdiqué ses prétentions à l'hégémonie européenne. Son chef, Charles Quint, comptait au nombre de ses alliés l'ancien duc de Savoie, alors dépossédé de ses domaines, comme nous l'avons rappelé, par l'occupation française, qui n'avait été que l'un des incidents de la grande lutte de François Ier contre l'empereur. La restitution des Etats de Savoie à leur seigneur naturel, comme disait Pierre Orcet en employant l'expression usuelle à cette époque, avait été stipulée à Crépy par Charles Quint, mais elle était subordonnée à l'exécution d'une autre clause du traité, par laquelle il devait donner le Milanais ou les Pays-Bas en dot à la princesse de sa famille qu'il marierait au duc d'Orléans, le second fils du roi de France. Or, ce duc d'Orléans allait mourir l'année suivante, avant le mariage, et François Ier devait rester ainsi en possession des Etats du duc de Savoie. C'est ce qu'on ne pouvait pas prévoir au moment où la paix se signait, et les Orcet, bons sujets savoyards, parait-il, inféodés au parti impérial et mécontents d'ailleurs, nous le savons, de la justice française, avaient lieu de compter sur un prochain changement de maître.

Dès le jour de la St Michel, ils l'annonçaient aux habitants de St-Jean-le-Vieux, avec leur ami François Devaux, qu'ils avaient convaincu de se joindre à eux. Il avait sur la poitrine un écusson de Savoie, portant la croix blanche sur un fond rouge, qu'il attacha au bout d'un bâton quand la petite troupe, renforcée de la femme de Jean Orcet, arriva près de la halle, dans la soirée. Alors, ils se mirent à danser, à sauter, à gambader, « menant grande fête », criant à tue-tête : « Vive Savoie, notre prince souverain et seigneur naturel retourne », ou encore : « Dieu nous aidera, nous serons à notre prince qui retournera bientôt ». Comme ils annonçaient en même temps qu'il n'y aurait plus de guerre, ni de troupes à loger, les passants se réjouissaient avec eux, et les Orcet retenaient les petits enfants pour leur apprendre à crier Vive Savoie, « leur faisant baiser ledit écusson ». La nuit, qui survenait, mit fin à la manifestation.

Le Parlement français de Chambéry en eut connaissance, et le licencié Boullaye, commis à la requête du procureur général, arriva le 16 octobre à St-Jean-le-Vieux pour instruire l'affaire. Il entendit les deux aubergistes du lieu, Claude Fournier, du Lion d'Or, et Pierre Fournier, de la Croix-Blanche, le prêtre Claude Ravet, le boucher Etienne Perret, le chaussetier Jean Poncet, et le cultivateur Jean Pommier, qui avait assisté à la scène en rentrant de la foire de Pont-d'Ain. Pierre Fournier avait une dent contre l'un des Orcet, le châtelain de Varey, qui l'avait naguère incarcéré au château de ce lieu, sous prétexte qu'un de ses serviteurs avait volé du safran dans une balle à certain voyageur logé dans son auberge; le safran avait ensuite été rendu, mais Orcet avait réclamé à Fournier 7 écus pour ses frais, que le prudent aubergiste avait payés en se gardant bien de porter plainte à un tribunal supérieur, « aimant mieux perdre cela que de perdre davantage ». Au reste, il déposa sur l'affaire comme les autres témoins; l'un d'eux, interrogé si les Orcet « ne disaient point lesdits propos en dérision et contempt du roi notre seigneur, dit qu'il ne sait, et croit que non, mais plutôt de la joie qu'ils avaient de ce que l'on disait par la paix que le duc de Savoie aurait ses terres ».

Cette interprétation bienveillante prévalut, et l'incident en serait peut-être resté là, si un autre Orcet, nommé Claude, habitant d'Ambronay et neveu du trésorier Alliod, n'avait glosé sur le départ de l'enquêteur. « M. l'avocat Boullaye, disait-il en public, était venu ici pour faire quelque exécution, mais il a bien fallu qu'il s'en retourne, parce qu'il a été mandé à cause que sont survenus quatre de Messieurs du Parlement de Turin et M. le comte de Chalant, pour prendre possession de Chambéry pour M. le duc de Savoie, comme on dit dedans Bourg ».

Claude Orset avait été mal renseigné à Bourg, mais les propos qu'il tenait pouvaient trouver créance et ruiner l'autorité du Roi, encore souverain du pays.

Le licencié Boullaye vint donc à Ambronay, accompagné de l'huissier Langloys, et entendit, les 23 et 24 octobre, les dépositions du prévôt du lieu, Jean Forest, du curial Pierre Quarante, du chirurgien Hector Thibaud, qui était aussi hôte de la Fleur de lys. Il leur demanda si Orcet « est mauvais Français, et s'il excite le peuple à mutination depuis le bruit de la paix ». Les témoins l'ignoraient, mais s'accordèrent à le représenter comme un homme peu commode, enclin à la brutalité. Claude Orcet, insistait l'aubergiste, « est un homme qui ne se mêle sinon de faire bonne chère, et vit de son bien et de celui de sa femme, portant journellement épée, homme rixeux et noiseux, tenant le monde en sujétion ». L'huissier Langloys l'apprit à ses dépens lorsque, le soir du premier jour, il fut à la maison d'Orcet pour le citer à comparaître devant l'enquêteur, à la Fleur de lys; Orcet et sa femme l'injurièrent copieusement, et la femme disait : « Je crierai Vive Savoie tant que je voudrai », et, faisant un saut, elle ajoutait : « Voilà pour l'honneur de M. de Savoie »; l'homme répétait de son côté : « Vive Savoie, et par le Sang Dieu nous aurons autres juges ». Au reste, il ne comparut point et quitta Ambronay le lendemain; sa femme, « une grande femme vêtue de noir », répondit au licencié Boullaye que son mari était parti, et qu'ainsi, « qui en aurait affaire, si l'allât chercher ».

Boullaye fit son rapport au Parlement, qui ne se pressa pas de prononcer, et ne rendit son arrêt que le 28 février 1545; la plupart des prévenus furent acquittés, et le seul qu'on frappait d'une amende relativement considérable fut François Devaux, condamné à 50 livres et à faire ériger, dans St-Jean-le-Vieux, sur le théâtre de la manifestation, un écusson aux armes royales.

L'indulgence du Parlement était adroite, mais il n'en reste pas moins que le clan Alliod avait sû mêler la politique à sa querelle, et il avait en même temps, nous allons le voir, trouvé le moyen d'y introduire la question des privilèges ecclésiastiques, ou du plus ancien d'entre eux, celui qui faisait des églises un lieu d'asile où les mandats de justice ne pouvaient être exécutés.

C'était encore à Jujurieux, où vivait Guillaume Alliod, un parent du trésorier qui lui avait confié ses meubles, dont la saisie venait d'être judiciairement ordonnée; le 5 octobre 1544, donc, l'inévitable Langloys vint pour signifier un arrêt du Parlement à Guillaume, et comme c'était jour de dimanche, et l'heure où s'achevait la grand'messe, il alla le chercher à l'église et l'invita à en sortir pour entendre lecture de l'exploit. Guillaume refusa et resta sourd à une seconde sommation; l'assistance, composée en partie de ses parents, l'encourageait à la résistance; on lui criait : « ne sors point », et il s'accrochait aux bancs quand Langloys essayait de le tirer par le bras. « Vous en faites trop, monsieur l'huissier, disaient les gens, il n'a point fait cas digne d'être

mis hors de franchise », et les deux vicaires du lieu, messires Jean
Courtois et Claude Pey-Ravier, s'approchant, revendiquaient le
privilège de l'église. « Curés, répliquait Langloys, vos franchises sont abolies », et pour le prouver il envoyait prendre à l'hôtellerie son sac, d'où il tirait un petit livre, et il y cherchait son texte
sous les regards narquois de la foule. « Il ne le trouvera pas », dit
quelqu'un, auquel l'huissier répondit, assez vexé : « allez vous en
toucher vos bœufs, je ne suis pas bête »; et de fait il avait trouvé
son ordonnance, le fameux édit de Villers-Cotterets, vieux alors
de cinq ans, et dont un article supprimait le droit d'asile. Il en
donna lecture.

« Par ma foi, Monsieur l'huissier, répartit le vicaire Pey-Ravier, nous n'obéirons point si vous n'avez un mandement de
monseigneur de Lyon, notre prélat, car il est venu d'autres ordonnances depuis quinze jours, et d'autres franchises ». On se
trouvait, en effet, dans le diocèse de Lyon, mais la fin de la phrase
du vicaire était obscure, et ressemblait à une allusion au retour
attendu des princes de Savoie, par lesquels, au reste, les franchises des églises devaient être strictement abolies après leur restauration. Quoi qu'il en fût, ce discours n'était pas pour calmer
l'huissier, qui répliqua : « Monsieur le vicaire, vous vous en
pourrez bien repentir, car il n'y a point de franchises en telles
matières, j'ai bien exécuté dans St-Jean de Lyon ! », et comme
le peuple s'attroupait en tumulte, après qu'il eût, inutilement, demandé main-forte au châtelain Piccard, déjà mentionné dans
cette histoire, Langloys battit en retraite.

Le Parlement ne pouvait pas se désintéresser d'une Ordonnance royale que les gens de loi avaient depuis longtemps récla-
mée, mais il mit de la mollesse à poursuivre les contrevenants.
L'arrêt du 28 février 1545 condamna, il est vrai, le châtelain Piccard à 10 livres d'amende, et décida, quant aux vicaires, que le
procureur général devrait produire des témoins. Il négligea cependant de le faire, et les deux prêtres, ayant attendu un peu en
ville et dépensé leur argent, furent autorisés à rentrer chez eux.
Longtemps plus tard, en 1553, le procureur général reprit l'affaire; les vicaires comparurent successivement, en raison de l'importance de leur paroisse de Jujurieux, qui comptait cent-quatre-
vingts feux; ils représentèrent qu'ils ignoraient la nouvelle Ordonnance, et avaient agi « pour le respect du service divin », la messe

n'étant pas achevée quand l'huissier avait commencé à procéder.
Le Parlement leur appliqua la peine bénigne de 100 sols viennois
d'amende.

Les merciers faux-monnayeurs

Les merciers de jadis, plus fidèles que les nôtres à l'étymolo-
gie du nom de leur métier, vendaient un peu de tout, de tout ce
qu'ils pouvaient colporter de foire en foire, de village en village,
dans leurs paniers que le duc d'Orléans avait chantés au XV⁰
siècle :

> Petit mercier ! Petit panier !
> Pourtant, si je n'ai marchandise
> Qui soit du tout à votre guise,
> Ne blâmez pour ce mon métier.
> Je gagne denier à denier;
> C'est loin du trésor de Venise.
> Petit mercier ! Petit panier !

Ils couraient les chemins, d'un bout à l'autre du pays, généralement accompagnés d'un apprenti, qui les aidait à porter la balle
et, au hasard des rencontres, ils se réunissaient, par petits groupes, pour faire quelques étapes.

Trois merciers se trouvaient ainsi, le dimanche 25 janvier
1551, sur la rive droite du Rhône, au pied du rude escarpement
qui portait la chartreuse de Pierre-Châtel. Ils venaient ensemble de Belley, avec un habitant de cette ville, Jean Constantin, et
un Chambérien nommé Pierre Savoye. Du port de Pierre-Châtel, sur la rive opposée, le pontanier les aperçut, et les passa sur
son bateau. Il y eut, au débarquement, assaut de politesse, à qui
acquitterait le prix du passage, et Pierre Savoye tira de sa poche
une bourse rouge, mais un autre, plus diligent, avait déjà payé
le pontanier. La compagnie remonta à cheval, et l'on n'avait pas
fait plus de sept ou huit toises quand Savoye, mettant de nouveau
la main à la poche, découvrit qu'elle était vide. « Messieurs, dit-
il, j'ai perdu ma bourse, retournons, cherchons-la, et si quelqu'un la trouve, qu'il me la rende ». On retourna, on ne vit rien,
on reprit le chemin d'Yenne, petite ville à une lieue de là, où tout
le monde allait pour le marché du lendemain lundi.

Savoye, cependant, qui regrettait sa bourse et les trois écus d'or qu'il y avait, ressentait des soupçons qu'il fit partager à Constantin, et, à l'arrivée, ils demandèrent au vice-châtelain du lieu de faire fouiller merciers et paniers. Ce magistrat assembla aussitôt, à l'auberge de la Croix-blanche, le lieutenant du greffier d'Yenne, un notaire, quatre témoins, et en leur assistance Messieurs les merciers et leurs garçons furent priés de se mettre en chemise, « chausses avalées par en bas » et souliers enlevés. On ne trouva rien de notable sur l'un d'eux, Robert Andriolle, de Moulins, ni sur son serviteur, un homme de Châlons, hors quelque argent et « certaines pierres pour guérir les yeux ». Rien non plus sur Henri Chouton, mercier de Thiers en Auvergne, mais dans le panier du troisième, et dans un petit sac de toile, on découvrit 8 francs et 5 sols, en liards de roi et en « grands blancs ». Ce n'était pas la bourse perdue, mais les grands blancs, au lieu d'être d'argent et de bon aloi, furent reconnus pour être faux, et de cuivre. Le vice-châtelain les saisit, et conduisit le détenteur aux prisons d'Yenne, en lui défendant de chercher à s'évader, « à peine de l'indignation du Roi ». Ses compagnons furent invités en outre à se présenter le lendemain, aux fins d'enquête, devant maître Jean Milles, juge et lieutenant général en Bugey, qu'on envoya quérir exprès à Belley.

Le lendemain donc, le mercier Andriolle, désireux de prouver « qu'il est homme de bien hors de soupçon », se laisse volontiers interroger : il a lié connaissance, à Vienne en Dauphiné, avec Maurice Sansoz, le compagnon aux pièces fausses, et ils ont fait une tournée ensemble jusqu'à Belley, d'où ils venaient la veille, et où ils ont couché à l'auberge de Claude Pierron, en rue Mercière, avec neuf ou dix autres merciers; souvent, en voyage, Sansoz a payé pour lui, en attendant de se faire rembourser à la dînée, et tout ce qu'il peut dire, c'est que personne ne s'est jamais plaint de la monnaie.

Le prévenu Maurice Sansoz est plus strictement questionné. Il a vingt ans, il est natif de Bourg-St-Maurice en Savoie, et, interrogé sur son domicile, il répond qu'il « demeure partout ». De fait, c'est à Uzès qu'il aurait, dit-il, reçu les pièces fausses, il y a six semaines, d'un autre mercier, pour vente de fil blanc d'Orléans et de trois douzaines de patenôtres. Il venait de Provence, et d'Uzès, il est monté à Clermont-Ferrand, et ensuite, par une autre ville d'Auvergne « où l'on fait le papier, de laquelle il ne sait le nom », et par Vienne, La Tour-du-Pin et St-Genis, il a gagné Belley. Il y a effectivement passé la nuit à l'auberge indiquée par Andriolle, dans la chambre haute, avec une dizaine d'autres merciers, dont quatre ou cinq Dauphinois, et il a payé pour sa dépense 4 sols à l'hôtesse. Comme il fait observer qu'elle les a pris pour bons, le juge lui réplique que, tout au contraire, elle vient de lui en renvoyer trois, qui sont mauvais. La fausseté de ces pièces est d'ailleurs évidente, et quand on lui demande comment il aurait pu ne pas s'en apercevoir, il répond que son mercier d'Uzès, en les lui donnant, l'avait averti que c'était de la nouvelle monnaie.

Le juge aurait voulu interroger aussi le mercier Chouton, qui avait préféré, quant à lui, quitter secrètement Yenne le matin de bonne heure. On en questionna plus sévèrement son serviteur, Pierre Henry, garçon de dix-huit ans, natif de St-Jeoire-en-Faucigny, sur certains objets qu'une perquisition plus exacte fit découvrir dans leur balle : « des fleurs rousses à la similitude de safran bâtard, un trébuchet à poids avec deux lingots en forme d'argent, et une pièce fondue dans ledit trébuchet ». Tout ce qu'il sait, c'est que, il y a six semaines environ, dans une ville du roi de Navarre appelée Foix, Chouton son maître a fait fondre les lingots et la pièce, avec de vieux sols de billon, par un orfèvre auquel il avait dit qu'il en voulait fabriquer des bagues; au surplus, Sansoz était présent, car il a toujours accompagné Chouton, couchant et mangeant ensemble, depuis qu'ils ont fait connaissance à Briançon.

Sansoz, que cette déposition charge gravement, reconnaît qu'il a rencontré Chouton à Briançon, à la foire de septembre dernier, avec un mercier natif des environs de Seyssel, qui vendait des images de toile faites en Flandre; mais il soutient qu'ensuite ils se sont séparés, qu'il n'a retrouvé Chouton qu'à Clermont, d'où ils sont venus ensemble, et qu'il ne sait pas même où peut être la ville de Foix. Confronté cependant avec Henry, il avoue qu'il est possible qu'il y ait passé, comme dans bien d'autres villes dont il ignore les noms.

On le transféra, et Henry également, aux prisons de Belley, où, pour tirer l'affaire au clair, le juge Milles autorisa le procureur du Roi, par sentence du 12 février, à le soumettre à la question. Le mercier en appela au Parlement, entre les mains de maître Bruyset, greffier du bailliage de Bugey, mais un arrêt de la Cour confirma la décision du juge et Sansoz, amené à Chambéry, dut y subir, le 5 avril, cette rude forme d'interrogatoire. Il déclara que Chouton se procurait de la fausse monnaie de concert avec un associé qu'il avait, un quincailler de Lyon nommé Jean Barbier, qui vendait des couteaux et des aiguillettes aux merciers, et voyageait aussi quelquefois. Il reconnut qu'il avait été lui-même l'un des *placiers* de Chouton, dont il avait reçu, à Uzès, de la monnaie fausse pour une valeur de 15 livres, moyennant qu'il ne devait lui en rendre que 12 et garder la différence pour son bénéfice.

Son cas était mauvais pour la jurisprudence du temps, et le parquet de Chambéry conclut à ce qu'il fût pendu, tandis que le jeune Henry, pour son édification, assisterait à l'exécution. Le Parlement se contenta à moins et, par arrêt du 23 avril 1551, en acquittant Henry, il infligeait à Sansoz cinq années de galères.

Les hommes masqués des rives du Furans

Peut-être quelques détails de ces récits ont-ils rappelé à des lecteurs familiers de Walter Scott certains tableaux du maître écossais, dont le pays, au XVIIIe siècle encore, avait beaucoup des mœurs de notre Bugey du XVIe, et ils en auront conclu, une fois de plus, au tact historique qui met ce romancier au-dessus de tant d'érudits de profession. Voici maintenant un type nouveau, que Walter Scott a également connu : c'est chez lui l'outlaw, c'est pour nous l'homme sans feu ni lieu, qui n'a plus rien ni personne à ménager; un gentilhomme, cependant, en l'espèce, comme on va voir, mais le patrimoine est dispersé, il a eu des querelles, des procès, il les a perdus à tort ou à raison, il ne lui reste que des rancunes, des prétentions sur les biens dont il dit qu'on l'a dépouillé, et une épée peu scrupuleuse, grâce à laquelle il garde un certain prestige dans la noblesse des environs immédiats de Belley. C'est là, en effet, que se passe notre action, et l'on verra cette noblesse passablement divisée, et composée de gens un peu bien enclins à se faire justice et à arranger leurs affaires entre eux, malgré le soin que les tribunaux royaux veulent prendre de s'en mêler.

Le 10 janvier 1553, le procureur d'office de la seigneurie de Thuys et Peyzieu, deux hameaux dépendant de la paroisse d'Arbignieu, au Sud-Ouest de Belley, avisa le juge ordinaire du lieu que des gens inconnus, masqués et armés, tenaient les bois des environs le long des rives du Furans. Le juge, François du Poysat, commit le châtelain du lieu, Pierre Picard, qui procéda, le 17, à une information secrète.

Jacques Mignoct, de Sillignieu, autre hameau de la même commune, déposa que, allant à Belley le jour de l'Epiphanie, il avait rencontré, vers le pont de Thuys, un homme « bouché de son manteau », qui lui demanda si le seigneur de Peyzieu était chez lui, et comme Mignoct répondait qu'il l'ignorait, l'homme reprit : « Par le sang Dieu, si je savais que tu me connusses, je te couperais la gorge à cette heure, et te garde bien de dire que tu m'as trouvé ». Mignoct s'en fut, quitte pour la peur, mais le soir, en rentrant de Belley et à peu près au même lieu, il vit cinq hommes, la figure également enveloppée de leurs manteaux, qui entrèrent dans un pré en l'apercevant, armés chacun d'une grande arquebuse. Plusieurs témoins attestèrent qu'ils avaient aussi rencontré ces cinq hommes le jour des Trois-Rois, et entre autres un paysan de Thuys, qui les avait vus le matin auprès de la maison du seigneur de Peyzieu et sur la route que ce gentilhomme devait prendre pour aller à la messe; son chien les avait découverts, et ils avaient changé de place. Un autre habitant, en les croisant, leur avait dit : « Messieurs, Dieu vous donne bonne vie », mais ils n'ont rien répondu, et il a reconnu l'un d'eux, porteur d'un chapeau blanc, pour le fils d'un nommé Régis qui demeure chez le seigneur de Rochefort. Le même jour, le prêtre Jean Burdet, qui allait dire la messe au château de Thuys, a été rencontré par cette bande, dont un membre, en lui faisant promettre de n'en pas parler au seigneur de Peyzieu, l'a interrogé sur son compte, s'il irait à la messe, s'il prenait par dessus ou par dessous le bois, et s'il sortait bien escorté; le témoin répondit affirmativement à cette question, ajoutant que, quant au chemin, le seigneur prenait tantôt l'un et tantôt l'autre. Le lundi après les Rois, un autre habitant de Peyzieu, Guillaume Noble, se trouvant à Muzin, de l'autre côté de Belley et sur la route de Rochefort, entendit dire qu'on y avait vu passer, le jour de la fête, le seigneur de Rochefort avec des compagnons, tous en maille et porteurs de grandes arquebuses; on disait aussi que, si M. de Rochefort rencontrait M. de Peyzieu, il pourrait bien lui faire un mauvais parti. Enfin, huit jours avant la Noël, à la nuit, comme Jean Pajoct, couturier d'Arbignieu, passait près du pré du seigneur de Peyzieu, il avait rencontré trois hommes en manteau, et armés : « D'où viens-tu ? lui avait dit l'un d'eux. — Je viens du moulin. — Tu ne portes point de blé ! — Je n'ai pas pu moudre, faute d'eau. — Viens çà, lui avait dit un autre en le prenant par la main, tu viens du château, tu es des serviteurs de M. de Peyzieu. — Je ne viens point du château, je suis bon sujet de M. de Peyzieu »; il avait dû en outre se nommer avant de pouvoir prendre le large, mal rassuré.

Le seigneur de Thuys et de Peyzieu était alors François de Longecombe, de la vieille famille bugiste de ce nom, écuyer, gentilhomme de la maison du Roi, député de la noblesse de la province en 1551. Quant au château de Rochefort, assis au bord du Rhône à l'est de Belley, il appartenait à l'une des branches si nombreuses de la dynastie savoyarde des Menthon. François de Menthon, alors âgé de vingt-quatre ans, seigneur de Rochefort, coseigneur d'Aubonne au pays de Vaud, avait à ce dernier titre des intérêts dans la Suisse romande, mais il faisait sa principale résidence en Bugey.

Quelques mois auparavant, le 8 octobre 1551, en revenant d'un voyage à Aubonne, il allait, de son château de Rochefort, rendre ses devoirs à sa mère, Guigonne des Amblards, qui résidait dans les environs, à son manoir de Chateaubouchard à Nattages. Cette dame, dont François de Menthon était le fils aîné, avait sept autres enfants vivants de ses divers mariages, car elle avait eu trois époux, elle était veuve, et le bruit courait qu'elle se préparait à convoler une quatrième fois avec le seigneur de Peyzieu, pour qui ces noces devaient être les troisièmes. Cette nouvelle, que M. de Rochefort avait apprise à son retour, lui déplut. Il alla néanmoins rendre sa visite, emmenant son frère Claude, et tous deux s'équipèrent pour la chasse qu'ils se proposaient de faire en chemin, l'aîné avec sa dague et le cadet avec une arquebuse. A Châteaubouchard, ils trouvèrent leur mère avec M. de Peyzieu, qui les reconduisit après l'entrevue; M. de Rochefort lui demanda alors si ce projet de mariage était sérieux, et sur la réponse évasive de l'autre, il se mit en colère, jurant, tirant l'épée; M. de Peyzieu se défendait quand la dame accourut; à ses cris, un laquais de M. de Peyzieu arriva avec sa pertuisane, dont il menaça Claude de Menthon, qui tua l'homme d'un coup d'arquebuse. Aussitôt après, les deux frères déguerpirent, et ne se montrèrent plus avant la célébration du mariage. Alors, en février 1552, le seigneur de Rochefort avait obtenu des lettres de grâce, qui lui avaient enjoint « de se comporter honnêtement » envers sa mère et son nouveau beau-père. (1)

On voit que les rapports étaient restés tendus. La justice, toutefois, ne bougea pas après l'enquête sur les hommes masqués, attendant qu'un autre fait rouvrît la procédure.

Cet événement se produisit, et le héros principal en fut l'aventurier dont nous avons, au début et en partie par conjectures, esquissé le portrait. Qualifié de noble et d'écuyer, il s'appelait François de Souchin ou Soncin, plus habituellement connu sous le surnom de Bravet, et il gîtait à l'ordinaire dans une hôtellerie de Belley, au Chaperon rouge, quand il ne tenait pas les champs pour son compte ou pour celui d'autrui, toujours armé et vêtu de sa cotte de maille. L'un de ses griefs contre la société concernait le château d'Andert, sa maison d'Andert, comme il disait, à une petite lieue au nord de Belley, et qui avait appartenu, en dépit de ses insoutenables prétentions, de père en fils et depuis plusieurs siècles, à une famille de Gramont. Charles de Gramont et sa femme, Jeanne de Chavernay, étaient morts depuis peu, et leurs trois filles, Léaz ou Elie, Félise et Philiberte, continuaient d'habiter Andert. Les deux dernières, âgées l'une de douze et l'autre de dix ans, étaient encore en puissance de leur tuteur, Antoine de Torchefelon, écuyer et rejeton d'une vieille famille du Viennois, lequel avait épousé demoiselle Jeanne d'Aimavigne, tante des jeunes Gramont. Monsieur et Madame de Torchefelon ne logeaient pas au château, mais dans une maison contiguë.

Le 11 novembre 1553, au matin, Félise et Philiberte de Gramont jouaient dans la cuisine basse du château, avec Jeanne, la chambrière de leur sœur Léaz, quand elles entendirent du bruit dans la salle au-dessus. Les enfants montent aussitôt, et trouvent, sur la porte de cette salle, messire Bravet, en jaque de maille, armé d'une hallebarde et flanqué d'un inconnu vêtu de drap bleu, qui portait une arquebuse. Bravet descend tranquillement l'esca-

(1) Archives du Sénat de Savoie, registre des Edits-bulles 1552-54, f° 83.

lier et, entrant à la cuisine, s'adresse plaisamment à Jeanne la chambrière : « Vous êtes ici, Madame la châtelaine, donnez moi à déjeuner ».

Cependant, l'une des petites filles furetait dans la salle haute, où Bravet avait laissé, sur la table, un casque noir, deux épées et une rançon, ou sorte de pique. Une porte ouvrait dans cette pièce, qui communiquait avec la maison de la tante, mais Bravet, qui connaissait les aîtres, l'avait fermée au verrou et barrée d'un coffre pesant. C'est donc à travers cette porte close qu'un dialogue s'établit entre l'enfant et Gabrielle Collomb, une camarade de la chambrière Jeanne, comme elle native de Cressieu, et entrée au service de Mme de Torchefelon. Voulant aller au marché de Belley, elle venait demander à Jeanne une besace pour le sel qu'elle devait lui prendre en ville. Avertie de ce qui se passait, elle courut prévenir sa maîtresse et Léaz de Gramont, qui avait passé la nuit chez sa tante et qui s'en fut, aussitôt, stupéfaite, à la grande porte du château.

Elle y frappa, mais Bravet lui cria, de la cuisine, qu'elle n'entrerait pas qu'il n'eût bu et mangé. Un peu après, il fit ouvrir. « Qui vous a mis céans ? demanda Léaz à l'homme en bleu. — Je suis ici avec mon maître. — Sortez de céans, dit-elle à Bravet. — Non ferai, par la mort Dieu, car je suis chez moi et n'en sortirai point ». Pendant ce temps, toutefois, la chambrière avait dégagé la porte de communication, et M. de Torchefelon pénétra dans le château, accompagné d'un jeune homme qu'il avait chez lui, Guy de La Balme, seigneur de Montchalin en Dauphiné, fils d'une sœur de Mme de Torchefelon et futur époux de Léaz.

Les forces étant égales, on parlementa, et Bravet, bon vivant au demeurant, commença par inviter les nouveaux venus à boire. Ils répondirent que d'abord il eût à débander son arquebuse, ce qu'il fît, et alors, en buvant et causant, ils lui firent observer que, s'il pensait avoir un droit sur la maison il aurait dû s'adresser à la justice, et il convint qu'on s'en remettrait à l'arbitrage « de gentilshommes et robes longues ». Avant midi il avait disparu, sans qu'on le vît partir. Il s'était introduit, deux ou trois heures avant le jour, avec une échelle, dans le galetas du château, d'où il était descendu dans la salle haute par une trappe, qu'on ferma judicieusement dans la suite.

L'insuccès de son équipée était dû à un malentendu, car il estimait que, pour la mener à bien, il lui fallait deux compagnons. Voilà pourquoi il avait emprunté, sans indiquer l'emploi qu'il voulait lui donner, l'homme en bleu de messire François de Seyssel, seigneur de Châtillonnet, un château voisin de celui de Peyzieu, et pourquoi son serviteur à lui, Raymond Arnaudet, avait ordre de venir les rejoindre à Andert. Mais en vain Bravet l'avait-il attendu quelque temps, avant d'escalader les murs du château et après avoir quitté, à minuit, la maison du curé du lieu, messire Benoît Avril, chez lequel il avait passé la soirée; en vain l'avait-il attendu encore, en prolongeant la conversation avec M. de Torchefelon. Arnaudet n'arriva que le matin, armé au reste d'une arquebuse, et chercha son maître dans Andert partout ailleurs qu'au château. Il ne le revit qu'à Belley, comme Bravet y rentrait, après l'heure du dîner, sur son petit cheval noir et assez mal content.

Le surlendemain, 13 novembre, plainte fut présentée au lieutenant-général de Bugey, qui commit maître Georges Bottellier, notaire de Belley, pour procéder à l'enquête. Elle dura jusqu'au 21 mars de l'année suivante et révéla, outre les circonstances de l'affaire, que les cinq hommes masqués du jour des Rois, qui avaient guetté M. de Peyzieu, étaient Bravet, son serviteur, et le seigneur de Rochefort accompagné de son arquebusier et d'un autre de ses domestiques. La justice s'en tint là pour l'heure, attendant qu'une occasion se présentât de prendre en flagrant délit M. de Rochefort avec Bravet.

Une truie la lui fournit, le 6 avril 1554. Elle paissait ce jour-là dans un pré, au milieu du village de Peyzieu, où une petite troupe se promenait, composée de M. de Rochefort, de Bravet et de deux serviteurs, tous à cheval et munis en tout de trois arquebuses. Ils avaient battu les bois de M. de Peyzieu et, venus au village, demandé à Pierre Noble si ce seigneur était au pays. Sur sa réponse négative, M. de Rochefort fut boire à la taverne de l'endroit, mais Bravet disait : « Par le sang Dieu, si je ne trouve point de gens, je tuerai aussi bien des bêtes ». Justement, il passait à ce moment devant un certain pré qui lui avait jadis appartenu, et l'un de ses compagnons lui dit : « Voilà des pourceaux en votre pré, apportez votre flute ». La flute était l'arquebuse dont Bravet joua, et la truie fut tuée.

Elle appartenait à une femme Bozon, qui porta plainte, et son exemple décida un plus haut personnage à l'imiter. Le seigneur de Peyzieu s'adressa au Parlement, demandant protection contre ses ennemis, dont l'audace l'empêchait de sortir seul en sûreté. Un arrêt fut donné, et Bravet décerné de prise de corps, mais déjà, en compagnon instruit de ces matières, il avait déguerpi sans laisser aux juges rien à faire, qu'à prononcer, pour la forme, le sequestre de ses biens. Le seigneur de Rochefort était plus facile à saisir, bien qu'il fût absent quand l'huissier le cita, le 1ᵉʳ novembre 1554; l'exploit fut affiché à la grande porte de son château, et dès le 16 novembre, déjà détenu à Chambéry, il y subissait un premier interrogatoire.

On n'avait à lui reprocher, soutenait-il, qu'un délit de port d'armes, et il ne niait pas qu'il en eût porté, que les ordonnances interdisaient aux sujets du Roi, notamment un arrêt du Parlement du 18 juin 1546. Mais deux qualités, disait-il, le privilégiaient à cet égard : d'abord, il était gentilhomme ordinaire de la maison de l'amiral de France, le fameux Coligny, et il avait servi le Roi dans ses régiments d'ordonnance; ensuite, il était sujet du canton de Berne, en raison de ses biens de Vaud, et les édits permettaient le port d'armes aux Bernois; c'était en raison de ses intérêts dans le même pays, et parce qu'il avait refusé de le cautionner auprès de banquiers allemands, qu'il avait eu maille à partir avec le comte de Gruyère, grand seigneur déchu de l'Helvétie romande, et voilà pourquoi il s'armait et faisait porter à ses domestiques arquebuses et piques. L'excuse était bizarre, attendu que les faits de la cause s'étaient passés en Bugey, mais aussi niait-il tout ce qu'on lui imputait à l'égard de M. de Peyzieu. Le jour des Rois 1553, il était à Seyssel, venu pour aller à Morges, où il avait des affaires, et, retenu par la neige, il y avait passé la journée à jouer, comme l'hôtesse du Chapeau-Rouge, disait-il, en pouvait témoigner. Il n'avouait que le fait de sa présence à Peyzieu le jour de la truie, mais il s'y trouvait sans mauvaises intentions, et sans l'escorte que les dépositions recueillies lui prêtaient; des deux hommes qui l'accompagnaient, ajoutait-il en effet, l'un et l'autre rencontrés à l'instant par lui sur la route, le premier était un Allemand et le second un soldat revenant de Piémont et auquel il avait fait l'aumône.

Un arrêt du 19 décembre lui enjoignit d'observer à l'avenir

les ordonnances sur le port d'armes, à peine de 500 livres d'amende. Il devait en outre fournir ses preuves quant au reste de son affaire, dont on n'a pas retrouvé les suites dans les registres du Parlement.

Un meurtre à Hauteville

L'humeur batailleuse, l'habitude de porter des armes et de s'en servir pour se faire à soi-même justice, tout ce qui caractérisait la noblesse du XVI° siècle, et dont le récit précédent a fourni des exemples, se retrouvait alors chez les paysans, et quand on songe à la communauté de vie de ces deux classes d'hommes en ce temps-là, il n'y a rien qui puisse surprendre dans ce fait. Ces mœurs entraînaient des rixes, et parfois des accidents, qui donnaient à la justice, semble-t-il, plus d'occupation qu'ils ne provoquaient d'indignation dans le public.

C'est ainsi que, le 18 novembre 1560, François Lucas, châtelain de Lompnes, à la requête de Laurent Corcelle et d'Etienne Galley, procureur d'office et sergent dudit lieu, commença d'informer sur une rixe qui avait eu lieu la nuit précédente, à minuit, à Hauteville, village dépendant de sa juridiction. Il y trouva, à la maison Brandet, le corps de Pierre Billiard, couché sur un lit; sa mère, qui pleurait, entourée d'autres femmes, ne savait rien, mais maître Antoine Chapuys, barbier et chirurgien, rapportait que la tête avait été fracturée, la nuque cassée, et que le mort, dans ces conditions, « avait bien pu mourir ». Chez les Guy, on trouva le charpentier Pierre Meygret, blessé lui aussi à la tête; le chirurgien lui avait pansé dans la nuit des plaies qui lui paraissaient « mortelles nécessairement »; messire Georges Pugieu, le vicaire, l'avait confessé; Meygret déclarait que, étant avec Pierre Billiard, Jean Chapuys et Louis Ferrand, il avait été frappé, il ne savait par qui, sur le pont au-dessus des moulins du seigneur de Lompnes. Le blessé, le mort, le chirurgien même, tous nos gens étaient d'Hauteville.

Et les témoins aussi, du moins pour la plupart, qui furent interrogés, ce 18 novembre et jours suivants, par le châtelain d'abord, et puis par son supérieur, le juge de Lompnes en personne, le docteur en droit François du Poysat, et certes ces messieurs ne lésinèrent pas sur le nombre des dépositions. Le fait

est que l'heure tardive du crime lui avait donné une publicité
qu'il n'aurait jamais eu de jour, quand chaque homme était aux
champs et chaque femme chez elle. Commis à l'heure de la veillée, il avait été aussitôt connu de tous les habitants, observateurs
assidus de cette pratique nocturne, chère à la vieille France so-
ciable. Hauteville était un trop gros village pour qu'on y veillât
ensemble dans une seule maison, mais on se groupait, selon les
sympathies, chez quelques-uns des plus notables habitants, et
l'on y passait la soirée à deviser en se chauffant. Point de con-
trainte, pas même celle, comme on verra tout à l'heure, de demeurer chez soi quand les autres y venaient; ni celle de finir la
veillée là où on l'avait commencée, car l'usage autorisait au contraire, quand on avait recueilli les nouvelles quelque part, à se
rendre ailleurs pour les colporter, comme les gens du monde qui
paraissent dans plusieurs salons un même soir; ni celle enfin de
se retirer de bonne heure, car la veillée, qui s'ouvrait immédia-
tement après le souper, se prolongeait jusqu'après minuit, et il
fallait que le plaisir de la conversation fût bien vif, puisqu'il y
avait là de tout jeunes gens, et des hommes que le travail des
champs devait appeler de bonne heure le matin. On sacrifiait son
sommeil aux agréments de la veillée, comme on bravait pour eux
le mauvais temps, car le soir du 17 novembre 1560 il gelait fort
à Hauteville et l'on glissait, paraît-il, sur la glace des chemins.

A la maison Billiard, où la victime, un jeune cultivateur, vivait
avec sa mère, sa sœur Jeanne et Amblard son frère cadet, une
dizaine de personnes s'étaient réunies après leur souper, mais
Pierre Billiard était sorti bientôt, avec Jean Chapuys et Pierre
Meygret. Un peu après minuit, quelqu'un entra et dit à la mère
que son fils était chez les Brandet, grièvement blessé. Louis
Brandet, qui se trouvait là, accompagna aussitôt, avec d'autres,
cette femme et sa fille chez lui, et ils y trouvèrent en effet Pierre
Billiard couché auprès du feu entre les bras de son frère Amblard;
le vicaire l'assistait, et il mourut de bon matin, « après le second
poulet chantant ». On savait que, en sortant de chez lui, il avait
passé un instant, justement, chez les Brandet, environ une demi-
heure, et qu'il avait proposé alors à ses compagnons Meygret et
Chapuys d'aller achever la veillée à la maison Guy, sur quoi ils
étaient partis ensemble, suivis cette fois d'un quatrième camarade, Claude Bertin, dit Soudart, lequel avait stipulé qu'on ne

resterait pas plus d'une heure, car son travail du lendemain pressait. Le drame avait eu lieu entre ce moment et celui où Pierre Perrusset, qui avait été, lui, chez Benoît Bosonet « jusqu'à mi-veille ou environ », rentrant chez lui, avait trouvé Pierre Billiard étendu sur le fumier devant la maison de Jeanne Bosonet, et l'avait accompagné jusque chez les Brandet. Comme on ne l'avait pas vu chez les Guy, la rixe s'était donc produite sur le chemin qui y conduisait, et c'est en effet dans cette maison que l'un des compagnons de Billiard, Pierre Meygret, s'était réfugié ensuite, tout sanglant. Des curieux l'y avaient rejoint, et causé de l'affaire jusqu'au moment où, Pierre Billiard étant mort, ils allèrent lui donner l'eau bénite.

Connaissait-on des ennemis aux victimes ? A Meygret, non, mais il y avait eu, une semaine avant le crime, une discussion dans le jardin des Billiard. Claude Mermoz, domestique de Barthélemy Garin et berger de ses brebis, un troupeau comme on en voyait alors, de plusieurs centaines de bêtes, les y avait laissées pénétrer, les choux avaient été mangés, et la mère Billiard avait chassé les brebis. Sur quoi Mermoz avait dit au petit Amblard Billiard, un garçon de quinze ans : « Je t'en ferai tant porter, à toi ou à ton frère, que vous en aurez assez », et le lendemain il était revenu au jardin avec ses bêtes, et Pierre Billiard, qui cette fois était présent, l'avait frappé d'un bâton sur le bras. Ce même jour, au soir, Mermoz, « son bras lié à l'estomac », parlait avec le fils de son maître, Jean Garin, et se plaignait que le froid augmentât son mal : « ne te chaille, avait dit Jean Garin, que avant que soit peu de temps il y aura quelqu'un qui en aura bien autant ».

Cette piste était à suivre, mais peut-être le juge Du Poysat hésitait-il à croire qu'on tuât un homme pour une affaire de choux, ou plutôt préféra-t-il s'en tenir d'abord à cette déclaration, confuse au reste, de Pierre Meygret, qu'ils étaient accompagnés, lui et Billiard, au moment de la rixe, de Jean Chapuys et de Louis Ferrand, qui pouvaient donc être les coupables. Ferrand, un cardeur de laine d'une vingtaine d'années, interrogé dès le premier jour, avait raconté comment il se trouvait chez les Billiard quand on vint annoncer le malheur à la mère. Cette version contredisait celle de Meygret, que Ferrand n'apprit qu'un peu après, et dès le jour même il quittait Hauteville pour se mettre à l'abri chez son oncle à Rougemont. « Adieu, cria-t-il à quelqu'un qui le vit passer, je m'en vais, car il y a un de ceux qui ont été battus qui m'a accusé, ce qui me cause de m'en aller, car beaucoup mieux vaut regarder de loin que de près ». C'était trop de prudence, et qui pouvait lui nuire. Il le comprit quand il fut cité à comparaître au domicile du juge Du Poysat, à Belley, où il se rendit pour être écroué aux prisons de la ville, protestant toujours de son innocence. Elle fut reconnue lorsque, interrogé de nouveau le 3 janvier par le juge à Hauteville, Pierre Meygret, qui recouvrait peu à peu la mémoire avec la santé, déclara que Ferrand n'assistait pas à la rixe.

Quant à Jean Chapuys, il ne contestait pas qu'il eût accompagné les deux victimes avec Claude Bertin, le soir du crime, dans l'intention de veiller chez les Guy. Comme ils étaient à environ un jet de boule, disait-il, ou deux traits de palet de la maison où ils se rendaient, l'agression se produisit, et il eut « telle peur qu'il tomba par terre, puis se leva et s'enfuit »; il le raconta sans vergogne, en s'expliquant sur ce qu'il n'était pas armé. Claude Bertin, interrogé, avait aussi pris ses jambes à son cou en voyant le combat s'engager sans qu'il sût, exposait-il, de quel côté était le droit. Lui-même avait été soupçonné au commencement de l'enquête, car on l'avait vu, le lendemain du crime, avec une large estafilade à sa jaquette, sur l'épaule, ce qu'il justifia par un coup qu'il s'était donné en fendant du bois à la hache. Il manqua aussi de se mettre dans un mauvais cas par une fausse démarche, le matin qui suivit le drame : en recevant la nouvelle de la mort de Billiard dans la grange de son maître Amblard Masson, il en causa avec lui, et fut de là chez Chapuys, encore au lit, pour l'engager à se bien garder de rien déposer, ajoutant que son maître venait de l'avertir qu'on devait prouver par témoins tout ce qu'on disait en justice, et que le plus simple était donc de se taire. A quoi Chapuys avait répondu qu'il dirait toute la vérité, et Bertin en fit autant à la fin, mais ce propos qu'il avait tenu lui procura, ainsi qu'à son maître, le désagrément de plusieurs interrogatoires.

En somme, son témoignage, celui de Jean Chapuys et la dernière déclaration de Meygret s'accordaient à accuser Jean Garin, et avec lui un Pierre Puct, natif de Lompnes comme ce Mermoz, le berger des Garin, qui avait provoqué la première querelle.

D'après le récit de Chapuys, le plus complet, Garin et Puct avaient seuls pris part à la rixe; ils avaient rejoint, armés l'un d'un gros bâton et l'autre d'une épée, Billiard et ses compagnons quand ils approchaient de la maison Guy : « N'est-ce pas toi qui as menacé de me battre, avait dit Billiard à Garin, pour l'amour de Claude Mermoz, serviteur de ton père, qui a dit que je l'avais battu ? » Garin répartit qu'il ne lui demandait rien, qu'on lui laissât passer son chemin, mais Billiard et Meygret l'attaquèrent à coups de pierre et de baton, et alors Puct et lui se défendirent vigoureusement. Ce témoignage faisait des victimes les provocateurs, et le survivant Meygret ne l'avouait ni ne le contestait. Néanmoins, le 26 novembre, le juge cita Garin, Puct et Mermoz, et le sergent Galley les ajourna, ou plutôt il afficha copie de son exploit à la porte principale de leurs maisons, après avoir parlé à leurs parents, car tous trois avaient pris le large, et il en donna enfin lecture à haute et intelligible voix au banc de la cour de la châtellenie de Lompnes.

Sa peine fut vaine, les trois prévenus s'obstinèrent à faire défaut, et le juge, pour en finir, les condamna par contumace, le 15 avril 1561, à être « pendus et étranglés aux fourches patibulaires de la seigneurie et juridiction de Lompnes » ; c'est aux officiers de cette seigneurie, en effet, qu'ils devaient être remis, aux termes de la sentence, en quelque lieu qu'on les appréhendât.

On les avait oubliés pendant plus de cinq ans, comme il était naturel en l'absence de toute police et presque de gendarmerie, lorsque Garin se fit arrêter à Chambéry. Aussi bien ne se cachait-il guère, étant en possession de lettres de grâce, datées de Rivoli, du 12 septembre 1561, scellées et signées Emmanuel-Philibert, qu'il avait obtenues au cours de son absence. Le Sénat de Savoie, avant d'enregistrer ces lettres, voulut savoir si elles n'étaient pas subreptices ou, en d'autres termes, si Garin ne devait pas sa grâce à un récit mensonger qu'il aurait fait de son affaire. La Cour souveraine le garda donc en prison, et retint la nouvelle instance ouverte entre la mère et les enfants Billiard et le charpentier Meygret, demandeurs en dommages, d'une part, et Garin demandeur en enregistrement de ses lettres de grâce, d'autre part, encore que messire Claude de Mareste, baron de Lucey et de Lompnes, se plaignît : on aurait dû, disait-il, conformément à la sentence de son juge, renvoyer Garin, qui est « son sujet et jurisdiciable », à Lompnes, pour y être jugé, et le contraire ne se passait qu'au grand préjudice dudit seigneur « et énervation de sa justice ». Le Sénat continua à penser, cependant, qu'il n'appartenait qu'à lui de prononcer sur une grâce obtenue du Souverain; il n'était pas fâché, au reste, d'empiéter sur les attributions des juges séigneuriaux, ou de trouver des occasions de les rappeler à l'ordre, comme il en eut dans ce cas-ci. On réclama, en effet, de Chambéry, les pièces de la procédure de 1561, tant auprès du juge Du Poysat, à Belley, qu'auprès de l'héritier de son ancien greffier, maître Jacques Vanet, et il fut constaté que ce juge les signa seulement alors, au moment de les envoyer au Sénat. Comme il ne pouvait venir lui-même, étant octogénaire et goutteux, on lui députa aussitôt le sénateur Salteur, auquel il expliqua qu'il avait négligé jadis la formalité en question, ayant pleine confiance en son greffier.

Garin, cependant, se justifiait en faisant de la rixe un récit conforme à celui du témoin Chapuys : on les avait provoqués, lui et ses compagnons, et la nuit les empêchait de juger de leurs coups. La mère et le frère du mort répliquaient qu'au contraire il y avait eu guet-apens, et que les agresseurs étaient sûrement Garin et les siens, puisqu'ils étaient les mieux armés. Il a, ajoutaient-ils, la réputation d'un querelleur; si Mermoz a disparu, c'est qu'il a ses raisons, et quant à Puct, s'il est rentré chez lui, c'est pour s'y tenir « à cachette »; il aurait même dit : « je crois qu'il faut que je sois pendu », ou du moins les plaignants l'affirmaient.

Cités à Chambéry, il ne purent rien prouver de tout cela, et Garin en prit acte, comme d'un certificat que les notables d'Hauteville, le syndic en tête, lui donnèrent volontiers, car l'opinion lui était favorable, ou plutôt à sa famille, très considérée dans le village. Ce certificat portait que Meygret, l'une de ses victimes, travaillait autant que jamais de son métier de charpentier, étant assez bien rétabli pour jouer aux boules « et autres jeux d'effort », et Meygret lui-même, sans le vouloir, confirmait la chose en faisant à pied le voyage d'Hauteville à Chambéry, soit alors cinq jours, retour compris, pour demander 1000 livres de dommages. Les Billiard en réclamaient 2000, et 100 autres pour faire prier Dieu pour le repos de l'âme du défunt. Cette demande était taxée par Garin « d'incivile, impertinente et exorbitante »; la somme en question dépassait, disait-il, tous les biens du mort et de sa famille, et les Garin eux-mêmes n'avaient pas tant en tout; au surplus, la mère de Billiard n'avait pas tant perdu à sa mort, puisqu'il lui restait deux enfants en âge de travailler, et qu'elle gagnait plus « à filer sa quenouille que ledit défunt ne faisait ».

Un arrêt du 22 novembre 1566 mit enfin tout le monde d'accord : les lettres de grâce furent enregistrées, mais Garin dut payer 150 livres aux Billiard, 25 à Meygret, et 50 livres d'amende, outre les frais; de plus, M. du Poysat eut 10 livres d'amende, pour apprendre à tous les juges à signer leurs procédures séance tenante et en présence des témoins.

Les écoliers de Saint-Rambert

En l'an 1560, les protestants de France faisaient leur première levée d'armes, qui préludait à plus d'un demi-siècle de guerres civiles, et l'une des provinces qui furent les premières, et les plus rudement éprouvées par cette calamité était le Dauphiné, si voisin des Etats du duc de Savoie. Ce prince, restauré alors depuis moins d'un an, et désireux de mettre son pays à l'abri du fléau, prenait contre lui ses précautions, d'autant mieux que le protestantisme, pour lui, c'était Genève, et Genève, c'était l'ennemie. Entre autres mesures, il publia un édit, le 31 janvier 1560, destiné à garantir, disait-il en style du temps, aux « humains », leur repos et tranquillité : défense y était faite de blasphémer Dieu, « de mépriser les Saints et Saintes en sorte que ce soit », et surtout d'agiter les questions qui divisaient les esprits si cruellement; chaque contravention pouvait être punie de 25 livres d'amende et de trois jours au pain et à l'eau, et il y avait pis en cas de récidive. Cette ordonnance, au reste, ne liait pas tellement les langues, que tout le monde ne parlât des controverses à la mode, comme nous allons voir, jusque dans la bourgade bugiste où se passa la présente aventure, et la prudence d'Emmanuel-Philibert, qui devait réussir, en somme, à préserver ses Etats de la guerre civile, ne parvenait pas à prévenir tous les malheurs. Sans doute n'y eut-il pas, chez lui, de dévastations comparables à celles que les Huguenots infligèrent aux églises dauphinoises et à la primatiale de Lyon, pour ne parler que du voisinage, et au surplus les trésors d'art manquaient-ils peut-être totalement dans la petite église de Saint-Rambert-en-Bugey; et pourtant les habitants la trouvèrent un jour, sur la fin du carême de cette année 1560, en partie saccagée : les croix et crucifix étaient rompus, les images déchirées, les verrières brisées; ils découvrirent en outre, à leur grand scandale, guidés par une mauvaise odeur, que quelqu'un « s'était posé » et avait fait « vilenie » dans le bénitier placé au pied de la grande croix du cimetière, au-devant de la porte de l'église, où l'on bénissait l'eau à l'office du samedi saint.

Cette église était desservie par les moines de la vieille abbaye de St-Rambert, et c'est pourquoi l'abbé, qui était alors François Bachod, évêque de Genève, et le grand prieur, dom Philippe de Fétans, se chargèrent de porter plainte, tant à l'autorité diocésaine, c'est-à-dire à l'archevêché de Lyon, qu'à la justice civile, c'est-à-dire au Sénat de Savoie. De la première, ils obtinrent un monitoire, qui fut lu au prône de la grand'messe le jour des Rameaux, et qui obligeait en conscience tous ceux qui pouvaient avoir, sur l'affaire, quelques renseignements, à venir en faire part au notaire du lieu commis à cet effet, et devant lequel les dépositions commencèrent le 10 avril 1560. Quant au Sénat, il délégua son secrétaire criminel, François Besse, qui vint à St-Rambert, à l'auberge des Trois-Rois, pour y ouvrir son enquête le 7 mai.

Les nombreux témoignages ainsi recueillis s'accordèrent à charger surtout de tout jeunes gens, qui sans doute n'étaient pas les auteurs principaux du délit, mais ils s'étaient trahis par des imprudences de langage, sans qu'on pût démontrer qu'ils eussent participé au pillage de l'église. Ils se nommaient Jean Colliard, Jean Rochon, Aimé Sappin, Gaspard et Urbain Chabaud. Le plus âgé n'avait pas seize ans. Les deux derniers, fils de maître Jean Chabaud, châtelain de St-Rambert, dont la famille était des plus considérées, suivaient « les plus grandes leçons » qui se donnassent à l'école du lieu, tenue alors par Laurent Peyret, c'est-à-dire que ce maître leur apprenait à lire le latin dans les Epitres de Cicéron, et les faisait aussi travailler sur le *Disputaire*, un autre classique du temps. Aimé Sappin, dont le père était aubergiste, s'en tenait à l'étude de ce dernier livre, et d'ailleurs tous les cinq étaient bons camarades, qui formaient un groupe au milieu des quarante élèves que comptait, au moins, l'école de maître Peyret, école publique « où chacun allait qui voulait », sauf quelques petits enfants à qui des prêtres enseignaient à lire.

Quant aux témoignages recueillis contre les cinq écoliers, et qui ne furent guère que des témoignages de moralité, ils nous apprendront quelque chose, comme on va voir, sur les mœurs et l'esprit du temps. Et d'abord, le mardi-gras précédent, Jean Colliard, Jean Rochon et les deux frères Chabaud avaient passé, en sortant de l'école, dans une rue où trois menuisiers de St-Rambert, Claude et Mathieu Desvosges et Georges Curtet, travaillaient à faire une grande croix de chêne pour maître Pierre Bel, qui la destinait à être érigée, comme elle fut en effet, à la sortie de la ville sur le chemin de Tenay. Ils étaient en train d'en assembler les pièces et se pressaient, le soir arrivant, quand les écoliers les dérangèrent; comme les ouvriers se fâchaient, les jeunes gens se moquèrent : « Vous vous tenez bien fiers de faire ici un gibet ! — Otez-vous d'ici », répliquèrent simplement les menuisiers, qui se disposaient alors à enchasser dans la croix une Vierge en bois, ce qu'ils s'accordaient, dans leurs dépositions, à appeler « une image de la remembrance de Notre-Dame ». Cette expression indique chez eux un souci caractéristique du temps, que les autres témoins ressentaient pareillement : celui de bien marquer, en usant de ces précautions de langage, qu'ils ne confondaient pas, eux catholiques, ainsi que les huguenots les en accusaient, les images des Saints et les Saints eux-mêmes. C'était une imputation sur laquelle les protestants ne se lassaient pas de revenir, et aussi bien l'un de nos écoliers saisit-il par la tête la statuette, que les menuisiers avaient posée pour agrandir la place où elle devait entrer, et disait-il que ce n'était pas une Notre-Dame, que c'était un morceau de bois, et ses amis ajoutaient, pour l'instruction des menuisiers, que la Vierge était en paradis; « elle ne vaut rien, cette image, sinon pour faire le feu, vu qu'elle est bien sèche ».

Un de leurs camarades d'école, le jeune Jean Brunet, assistait à cette scène. Un autre jour, il fut pris à partie lui-même par Jean Rochon : « Tu es bien fou ! crois-tu mieux aux commandements de l'Eglise qu'aux commandements de Dieu ? — Je crois aux commandements de Dieu et de l'Eglise, et au Saint Sacrement de l'autel », répliqua Brunet, à qui le petit prédicant répondait qu'il n'y croyait point, « car les ministres de l'Eglise ne sont que cagots, cafards et ribaudailles ». Et il revenait sur ce sujet avec un autre Brunet, plus âgé, fils d'un cordonnier de St-Rambert, avec lequel il se promenait un dimanche, dans les prairies entre l'église paroissiale et la maladière des lépreux. Comme son interlocuteur, qu'il questionnait, disait qu'il faut croire que le calice, à l'autel, contient le précieux Sang de Notre-Seigneur, Rochon lui répartit : « que c'était le précieux sang de la tine », c'est-à-dire de la cuve à faire le vin. Au reste, on l'avait vu un jour, à l'église, derrière l'autel où il avait pris un crucifix, et, un goupillon à la main, il en frappait le dos de l'image.

A cette époque, où les partisans de la religion nouvelle ébranlaient les assises séculaires de la nation et de la société, il était moins étonnant qu'il ne semble que les discussions dogmatiques fussent si fréquentes entre les écoliers de St-Rambert. Les jeunes amis de Rochon, théologiens précoces, se livraient à la même propagande que lui, sur le même ton hautain et quelquefois brutal. Jean Colliard disait à l'école que l'hostie consacrée n'était que pâte, et Antoine Badaud, du hameau d'Angrières, dont la maison faisait face à l'hospice des lépreux sur la route de St-Germain, l'avait reconnu un jour, quand il lançait des pierres, avec deux autres enfants, contre la croix plantée devant la maladière, dite Croix-Paturel, dont ils rompirent le crucifix.

La besogne, à vrai dire, ne leur manquait pas, car il y avait de ces croix à l'entrée du bourg sur tous les chemins. L'une d'elles, appelée la Croix-Piattet, se dressait contre un noyer au lieu dit du Ban, sur la route de Neyrevat, et certain jour que Benoît Jacquemin, un jeune écolier fils d'un cordonnier de St-Rambert, se promenait par là avec ses camarades Aimé Sappin et Gaspard Chabaud, et qu'il saluait la croix, Sappin le frappa d'un bâton en lui disant : « Que fais-tu là ? »; prenant ensuite la Vierge enchassée dans la croix, Chabaud et Sappin la lapidèrent et lui cassèrent le nez. Une scène semblable se passa devant la croix du bénitier, au cimetière, une fois que trois ou quatre écoliers s'amusaient de ce côté : Urbain Chabaud n'ayant pas levé son bonnet, tandis que les autres se découvraient, l'un d'entre eux l'appela luthérien; et Urbain se fâcha, et lui dit qu'il en avertirait son père et qu'il le ferait battre; ces enfants, cependant, se mirent à parler de l'eau bénite, et le même Urbain leur déclara « que l'eau bénite, c'était d'eau bénite maudite », et qu'ainsi l'appelait-on dans un village au-delà des Alpes — sans doute habité par des Vaudois — où son grand-père avait passé. C'est encore Urbain qui pénétra un jour, le bonnet sur la tête, dans l'église, pendant que l'on baptisait, à l'entrée, un petit enfant, et que le fils du tisserand Joly était seul au chœur, à carillonner selon la coutume; « Urbain, dit-il, vous faites mal d'entrer dans l'église sans lever votre bonnet — Vois-tu, lui répondit l'autre, tout en se découvrant et en lui désignant les images pendues au mur et posées sur l'autel, si tu n'étais ici, je déchirerais ces images que tu vois ».

Gaspard Chabaud, son frère, montrait la même humeur tracassante. C'est lui qu'on soupçonnait d'avoir souillé le bénitier et ce bruit, dont il était impossible de contrôler l'exactitude, avait été porté, par les deux tailleurs de St-Rambert, Antoine Gramont et Jean Clerc, jusque chez le chamarier de l'abbaye, dom Etienne de Lacouz, un soir qu'il les avait invités à souper avec lui et d'autres habitants du bourg. Le même Gaspard, un soir de carême où l'on avait prêché, sortant de l'église avec Jean Ract, un garçon de seize ou dix-sept ans dont le père était charpentier, l'entreprit sur la question religieuse; on parla des luthériens, et du sermon qu'on venait d'entendre. « Il y a, objectait Jean Ract, plusieurs personnages qui vont à la prédication et qui, quand ils sortent d'icelle, ne savent ce que le prêcheur a dit. — Tel parle des Luthériens, répliqua Chabaud, qui ne sait ce que c'est ». Ce sont, répondit Ract, « ceux-là qui fuient l'église et ne veulent ouïr la parole de Dieu.— Et toi, veux-tu croire en ce que les hommes font, et à la messe que les prêtres disent ? » et comme Ract assurait qu'il croyait à la messe et aux sacrements, Chabaud continuait : « Si tu savais lire, je te donnerais bien un livre qui te ferait entendre comme il faut vivre. — Gardez votre livre, dit l'autre, et vivez à votre loi, et je vivrai à la mienne ».

Ces paroles semblent sages, mais la fièvre de controverse était contagieuse, et sévissait en dehors du petit monde des jeunes gens. Le tisserand Jean Rochefort, par exemple, un célibataire de cinquante ans, scandalisait un soir, à la veillée, toute la famille de son voisin et collègue Floquet; on devisait, en effet, de plusieurs noces récentes, et il en tirait texte pour appeler des folies les cérémonies religieuses du mariage, dire qu'il s'en passerait bien si jamais il prenait femme, et qu'elles ne servaient qu'à enrichir les prêtres. Un autre jour, devant un groupe qu'il endoctrinait : « Dieu n'a pas commandé les églises, il vaudrait autant donner l'aumône à quelque pauvre homme qu'aux prêtres, ils sont trop gras ». Et il étonnait les gens, à la messe, par les grimaces qu'il faisait au moment de l'élévation.

Un autre théologien de place publique était un propre agent des moines, le notaire Jean Mermet, greffier et curial de St-Rambert. Il y dogmatisait, une fois entre vingt autres, au lieu de l'Egasson, et niait que les Saints eussent « du crédit en paradis ». Un des assistants, le cordonnier Tenand, objectait que pourtant « ils ont souffert plusieurs tourments pour l'honneur de Dieu et pour maintenir sa foi », et un autre cordonnier, Georges Guichard, que le savant curial voulait dissuader de porter un cierge à saint Blaise dans une chapelle voisine, y allait néanmoins.

Comme au reste aucun témoignage n'était produit contre les parents des cinq écoliers, force fut bien de se demander si leurs gestes et leurs propos n'étaient pas imputables à l'enseignement qu'ils recevaient chez Laurent Peyret. Ce maître pouvait être adepte plus ou moins déclaré des doctrines que le voisinage de Genève contribuait à répandre dans le pays, et il ressortit en effet d'un témoignage qu'il aurait dit certain jour à l'école, vers l'heure du goûter, qu'on était fou de croire à l'hostie consacrée. Par contre, on ne releva rien contre lui dans les interrogatoires subis à Chambéry par nos écoliers, quand ils y furent cités pour s'expliquer devant le Sénat. Ils soutinrent que le maître ne les entretenait pas de propos hérétiques, qu'il les conduisait à l'église le dimanche et le jeudi, et que même il avait fouetté l'un d'eux pour avoir oublié d'apporter ses heures à la messe. Au reste, les écoliers ne répondirent pas tous les cinq à la citation, Jean Rochon et Jean Colliard firent défaut. Aimé Sappin et les deux frères Chabaud, qui comparurent, nièrent presque tout ce qu'on leur reprochait, expliquèrent le reste sur ce qu'ils auraient agi ou parlé en plaisantant, et affirmèrent qu'ils étaient bons catholiques; l'un d'entre eux tira même de son bonnet, à l'appui de ce dire, une image de saint Antoine, qu'on joignit au dossier.

Quant au maître d'école, qui avait été mandé lui aussi à Chambéry, il ne vint pas et disparut. Jean Rochefort comparut et protesta de son orthodoxie. Maître Mermet en fit autant, représenta qu'il était luminier de l'église, chargé d'administrer les revenus destinés à pourvoir au luminaire, et qu'ils avaient même augmenté pendant sa gestion, d'un quintal de cire et d'une rente de huit bichets de noix. Il argua aussi de ses relations avec les prêtres desservants, auxquels il prêtait gratuitement son ministère de notaire, moyennant qu'ils lui cédaient un de leurs droits paroissiaux, le *recept,* consistant en une redevance de 7 quarts de sol à percevoir par maison. Comme on lui faisait cependant observer qu'il avait tort, en ce temps-là, d'agiter publiquement des questions de dogme, bonnes à laisser traiter par le clergé, il expliqua qu'il y avait été conduit justement par ses rapports avec un religieux de passage, qui avait logé chez lui, et qu'il avait interrogé sur l'usure, en raison de ce qu'un notaire comme lui se trouvait souvent en affaires avec des gens suspects d'être des usuriers. Un autre religieux, frère Armand Carbonaci, de Provence, ancien étudiant de Paris, qui avait prêché le dernier carême à St-Rambert où il avait été envoyé par le gardien du couvent de St-François de Belley, avait dit un jour, en chaire, qu'il valait mieux donner aux pauvres qu'à l'église. Et c'est de là qu'était parti, pour mener sa campagne contre le culte des Saints, notre notaire, qui semait d'ailleurs son discours, sans doute involontairement, de mots tels que *temple* et *cène.*

On l'acquitta. Le tisserand Rochefort dut payer 20 livres d'amende, et 10 autres pour la réparation de l'église de St-Rambert. Le jeune Aimé Sappin fut acquitté. Quant aux frères Chabaud, l'arrêt du 26 octobre 1560 prononça qu'ils passeraient trois mois dans le couvent de Saint François à Chambéry, pour y être mieux instruits de leur foi catholique, et défense fut faite à tous « de plus parler publiquement et si indiscrètement de notre sainte religion ».

Une alarme au chapitre de Belley

L'année 1590 fut des plus agitées pour les sujets de Charles-Emmanuel Ier, cet inquiet duc de Savoie si adonné au jeu des armes et des intrigues qu'il y devait, un peu plus tard, perdre la Bresse et le Bugey. A ce moment, il pensait au contraire à s'annexer un bon morceau de France, à la faveur des troubles civils et religieux qui marquaient l'avènement de Henri IV; la Provence lui aurait convenu, et il y esquissait une campagne. Les Genevois, qui avaient à régler avec la Maison de Savoie des comptes déjà vieux, en profitaient pour envahir le duché, et nótamment le pays de Gex. Plus près de Belley encore, au Pontde-Beauvoisin, les Dauphinois avaient infligé une défaite aux troupes savoyardes, et leurs attaques se multipliaient sous l'active direction de Lesdiguières. Chaque semaine, on annonçait un coup de main heureux, ou qu'une place avait été surprise, et les gens de Belley, en loyaux sujets de leur duc, lui gardaient diligemment leur ville. Le commandement y appartenait à Laurent de Luyset, chef d'une famille distinguée du pays, et qui fut seigneur de Lompnes en Bugey. Capitaine de Belley, membre de la milice de S. A. le duc, il avait sous ses ordres quelques gentilshommes des environs, et surtout les bourgeois et habitants.

Personne n'était exempt de ce service, et moins que d'autres les chanoines de la cathédrale St-Jean, puisque l'enclos de leur chapitre, où plusieurs maisons distinctes étaient bâties, donnait au-dehors sur la campagne. Il y avait de ce côté une petite porte, communiquant à des jardins, dont ils assumaient la surveillance en temps de guerre, et, le soir du 27 mai 1590, deux chanoines y montaient la garde, messire Bozon et messire Jean-François Constantin, jeune homme de vingt ans, avec le portier du Chapitre, Jacques Buffet, natif de Vacheresse. Ils entendirent soudain que des coups étaient frappés à la grande porte de l'enclos du côté de la ville, sur la rue St-Jean, et Buffet y courut, demandant qui passait si tard, car il était 11 heures. C'était M. de Luyset, qui prétendait entrer à l'instant, et force fut au portier d'aller réveiller M. le doyen, qui détenait les clefs.

Révérend seigneur Charles-Emmanuel Ginod, docteur en droit, doyen de la cathédrale, vicaire général et official du diocèse, était en effet déjà couché. Il se lève aussitôt et va de sa personne à la porte, à travers laquelle il interpelle le visiteur nocturne; on ne lui répond pas, il retourne dormir, et quand, une seconde fois averti par le portier, il se relève et revient à la porte, le temps qui s'est écoulé a sensiblement excité l'impatience du capitaine de Luyset : « Qui est là ? crie le doyen. — C'est moi, ouvrez ! — Que demandez-vous ? — Je veux entrer, ouvrez ! — Pourquoi faire ? — Pour ce qu'il me plait ! ouvrez, ou nous romprons la porte. — Vous n'entrerez pas si soudain, et aurez un peu de patience, s'il vous plait, que j'aie parlé à M. l'infirmier de La Chambre, qui est céans, afin de regarder si nous devons ouvrir nos portes à cette heure, vu que vous menez gens armés avec vous, et ne savons à quelle occasion ».

La troupe du capitaine, dont le doyen avait reconnu la présence au bruit des voix, se composait de bourgeois armés de leurs épées, hallebardes et arquebuses. Il s'y trouvait le trésorier Sappin, le serrurier Louis Brollie, honorable Robert de Ville, Me Jean Lecouvreur, et plusieurs autres que M. de Luyset amenait en patrouille, pour voir si le Chapitre était convenablement gardé. Cette surveillance était dans ses fonctions, mais le délai mis à lui ouvrir l'irrita outre mesure. Il crut à quelque trahison machinée par les chanoines, et dépêcha aussitôt à la principale porte de la ville, confiée comme toutes les nuits à une « escouade » de citoyens commandée par un « caporal ». Celui-ci, qui était Me Augustin Meilleret, d'une famille devenue plus tard considérable dans la province, lui envoya du renfort, le notaire Jean Poncet, le sellier Pierre Jacquier, Me Scipion Constantin. Déjà, en attendant, M. de Luyset avait fait donner l'alarme en faisant jouer le tambour, en criant à ses hommes : « tirez, mortdieu ! tirez ». Plus de quinze arquebusades résonnaient dans la rue étroite, et le capitaine criait toujours : « Arme, arme ! l'ennemi est au Chapitre ! » A ce vacarme, bourgeois et bourgeoises de courir aux fenêtres et de s'assembler en grand émoi; l'un des habitants de la rue St-Jean, un prêtre de plus de cinquante ans, Claude Bonnet, recteur de l'hôpital, se levait comme les autres et descendait sans armes, mais prêt à faire bravement son devoir avec un épieu qu'il avait trouvé. On lui criait : « Qui va là ? — Ami ! — Quel ami ? mortdieu ! », et peu s'en fallait qu'il ne reçût quelque mauvais coup dans la confusion qui régnait parmi les trente ou quarante hommes du capitaine.

Cependant, messire Jean de La Chambre, archiprêtre de la cathédrale et pourvu en outre de la dignité d'infirmier du Chapitre, où il exerçait d'autant plus d'influence qu'il appartenait à la puissante famille de Seyssel, avait été éveillé par le doyen. Tous deux venaient à la porte, où ils essayaient de parlementer, mais comme on leur répondait en tirant en l'air de nouveaux coups d'arquebuse, ils firent ouvrir en disant : « Messieurs, ne tirez point, l'on vous ouvre la porte plutôt que de permettre que la ville soit mise en émotion mal à propos ». Alors la troupe pénétra dans l'enclos, sur ce qu'on appelait la place du Chapitre, et

M. de Luyset commença par visiter la maison du doyen, pour voir si quelqu'un de suspect n'y serait pas caché. Il perquisitionna ensuite dans une autre maison bâtie sur la même place, où l'archiprêtre de La Chambre habitait avec son serviteur Claude Favre, de Meximieux, qui éclaira le capitaine. Celui-ci au reste ne s'attarda pas, et négligea même d'examiner les autres logements du Chapitre, dont la maison du chanoine Bozon, où vivait aussi son collègue Jean-Claude de Migieu, descendu dans l'enclos, comme tous les autres, au milieu de l'émotion générale. En entrant, M. de Luyset avait dit au doyen Ginod : « Par le Sang Dieu, vous êtes traître à votre prince ! vous avez fait acte de traître et méchant homme de ne me vouloir ouvrir la porte. — Dites-vous que je suis un traître ? avait réparti l'autre. — Oui, par Dieu ! — Je suis autant fidèle et obéissant sujet à Son Altesse que homme qui soit en ce monde, et en ai bien l'occasion pour les bienfaits que mes parents et moi particulièrement en avons reçus; tous ces messieurs qui sont ici me connaissent, et je m'assure qu'il n'y a personne de cette assemblée qui avoue votre dire; souvenez-vous de ce que vous avez dit, car j'espère que la raison m'en sera faite ». Et quand M. de Luyset se retira, en faisant toujours jouer ses tambours, au grand émoi de la ville, le doyen l'interpella encore : « Souvenez-vous des propos que vous m'avez dits ».

Le lendemain matin, entre 11 heures et midi, le doyen lisait ses heures à la grande porte du Chapitre, quand M. de Luyset vint à repasser, escorté de trois personnages, savoir Mᵉ Philibert Chavasse, procureur au bailliage et notaire, qu'il avait requis de l'accompagner pour constater en forme si les chanoines faisaient bonne garde, ou non; un jeune gentilhomme de dix-huit ans, Guy d'Yenne, et un autre homme de sa troupe, nommé Charles Bouvier, tous deux armés; M. de Luyset portait lui-même un poignard et son épée. En arrivant, et après avoir dit à ses compagnons : « Voici l'homme d'hier », il demanda au doyen : « Me voulez-vous quelque chose ? je suis ici pour vous maintenir ce que je vous dis hier au soir. — Vous m'avez appelé traître fort mal à propos, j'espère vous le faire connaître. — Je vous veux maintenir que ce que j'ai dit est bien dit, et que vous êtes traître à votre prince. — Je ne porte épée ni arme pour vous soutenir le contraire, mais j'en aurai bien raison, car vous mentez ! » A ce mot, le chatouilleux capitaine, haussant la main, bailla un soufflet au doyen, et, se reculant et dégainant, il lui donna sur l'épaule un coup d'épée, qui se trouva par bonne fortune être du plat.

A peu de distance, un petit groupe d'ecclésiastiques devisaient justement des événements de la veille : c'étaient l'archiprêtre de La Chambre, Claude Bonnet le recteur de l'hôpital, et Jean Vallier, chantre et maître des enfants de chœur de la cathédrale. Messire Bonnet, le premier, courut au secours du doyen et, saisissant Luyset par derrière, il le retenait en lui disant : « Monsieur, c'est assez ». Bouvier, de son côté, s'interposait entre le doyen et le capitaine, comme pour défendre ce dernier, et à son tour il était assailli par l'archiprêtre, qui le maintenait par le fourreau de son épée. Il se dégagea, et M. de Luyset pareillement, mais ils étaient calmés, et ils se retirèrent.

Le même jour, au palais épiscopal, le doyen déposait sa plainte entre les mains de Mᵉ Deculoz, commis du greffier de l'officialité, et l'évêque désignait pour enquérir maître Jean Perret, procureur aux sièges de Belley. Cet évêque, Jean-Geoffroy Ginod, appartenait à la famille du plaignant, honorée, comme il avait dit, de la bienveillance des princes de Savoie, et il avait été en effet nommé par le duc Emmanuel Philibert, et fait en outre sénateur. Les dépositions furent reçues, et dès le lendemain 29, sur les conclusions de maître Deville, substitut du procureur épiscopal, deux enquêteurs étaient commis pour faire subir, au nom de l'évêque, un interrogatoire à M. de Luyset.

La juridiction épiscopale s'exerçait sur les clercs, et dans les cas réservés au for ecclésiastique. M. de Luyset ne pensa pas qu'il y fût soumis; il déclara, au sergent qui vint l'assigner, qu'il était capitaine et que son juge ne pouvait être que l'auditeur de camp, officier de justice militaire; à quoi les agents de l'évêque répliquaient que la chose était incertaine puisqu'il avait, quoique laïc, le titre de recteur de deux des chapelles de la cathédrale, celle de Saint Jean-Baptiste du Tableau et celle de la Visitation. Devant leur insistance, M. de Luyset en appela comme d'abus au Sénat de Savoie, objectant au surplus que l'évêque Ginod ne pouvait pas bonnement juger entre lui et son neveu. Cet argument porta, et le prélat consentit que, pour abréger, disait-il, la procédure, l'affaire fût tranchée extraordinairement par le Sénat, où nous ne savons pas d'ailleurs quelles suites elle eut.

L'émeute des femmes de Poncin

C'est encore une histoire du temps du duc Charles-Emmanuel, et d'ordre militaire. Le problème le plus grave, à cette époque, n'était pas le recrutement, et le duc de Savoie lui-même, en dépit de l'exiguïté de ses Etats, y trouvait d'assez nombreux volontaires, quitte à leur joindre, plus ou moins selon les moments, des mercenaires allemands, ou natifs de provinces italiennes voisines du Piémont. Au total, ces troupes étaient bien loin d'atteindre aux chiffres dont nous avons l'habitude, mais cependant elles dépassaient déjà les effectifs du siècle précédent, et cette évolution s'était produite trop vite pour qu'une organisation suffisante l'eût accompagnée. Rien ne ressemblait alors, même de loin, à nos services d'intendance, et l'Etat Savoyard, dont les finances étaient seulement en voie de formation, n'avait pas toujours de quoi payer la solde, et moins souvent encore de quoi rembourser les fournitures faites aux troupes. Comme il fallait cependant qu'elles vécussent, elles vivaient sur le pays. Une des seules précautions que l'on prît, pour éviter la ruine des localités où les soldats auraient passé trop souvent, ou trop longtemps, était de diriger les détachements tantôt d'un côté et tantôt d'un autre, de manière à répartir à peu près équitablement ce genre de charges sur tout le territoire. Ce système, incommode pour le gouvernement, ne satisfaisait pas les populations, mais on dut toutefois s'y tenir, en Savoie, jusqu'aux améliorations que le temps, en passant, et les impôts, en grossissant, permirent de réaliser. En les attendant, le duc donnait périodiquement des édits « pour ranger sa gendarmerie à une étroite observance de la discipline »; interdisait aux soldats d'exiger des habitants plus que la ration réglementaire, sous peine de mort; déclarait qu'en outre leurs biens répondraient des dégâts commis, et les biens de leurs capitaines à leur défaut; invitait les gouverneurs et magistrats à permettre au peuple de s'assembler pour courir sus aux maraudeurs; et l'édit du 15 janvier 1598 ajoutait encore à ces prescriptions.

On put un moment les croire devenues inutiles, quatre mois plus tard, en mai, quand la paix de Vervins fut signée par la

France et la Savoie, mais elle ne tranchait pas l'épineuse question du marquisat de Saluces, qui divisait les deux puissances, et le duc Charles-Emmanuel, en prévision de nouvelles hostilités, continua de garnir ses frontières, en particulier la ville de Bourg-en-Bresse. Il y envoya ainsi, de Chambéry où lui-même se trouvait alors, une compagnie de deux cents hommes de pied, surtout Piémontais, avec quelques Savoyards, Milanais, déserteurs Français, commandés par le capitaine Camille Taffino, de Savigliano en Piémont.

Poncin était sur leur itinéraire, et devait donc leur fournir au passage le logement et la nourriture, quitte à se faire aider par les communes circonvoisines que le baron de Lucey, gouverneur de Bugey, désignerait à cet effet. De son côté, le duc Charles-Emmanuel, par lettre aux habitants de Poncin datée du 22 juin 1598, les avertissait de recevoir la troupe, « attendu, ajoutait-il comme en s'excusant, que ce ne sera que pour bien peu de temps ». Porteur de cette lettre, Taffino prit en outre la précaution, en passant le 25 juin à Seyssel, de s'adjoindre un gentilhomme du pays, Louis de Vignod, sergent-major du régiment du baron de Lucey. La compagnie passa ensuite une nuit à Châtillon-de-Michaille et la suivante à Apremont. Le 27, à une lieue et demie de Poncin, Taffino prit les devants, avec M. de Vignod, le lieutenant Baptiste Morissa, lui aussi de Savigliano, le sergent Bourguignon, et trois subalternes, savoir Gramone, secrétaire de Louis de Vignod, un nommé Lecomte, de Seyssel, et Maurice Bozon, de Corbonod.

Poncin, sur la rive gauche de l'Ain, était alors une place de quelque importance; ses habitants jouissaient de franchises que le duc Emmanuel-Philibert avait confirmées en 1564; un château la dominait, et des murailles entouraient la ville jusque vers le pont, où il y avait une porte. C'est par là que, entre 3 et 4 heures de l'après-midi, le petit détachement fit son entrée, pour descendre devant la halle; les soldats y restèrent pour garder les chevaux, tandis que Taffino et les autres, accompagnés de l'un des syndics de la ville, André Gordon, boucher de son état, qu'ils prirent en passant, montaient au château pour prévenir le gouverneur.

Le gouverneur du château et capitaine de la ville de Poncin se nommait Marin-Antoine de Conzié, d'une vieille et noble famille de Savoie, fixée à Poncin depuis le XVe siècle, par un mariage qui y avait fait entrer les biens et dignités de la maison de Bolomier; son bisaïeul avait déjà exercé dans la ville les mêmes fonctions que lui, et ces circonstances lui donnaient, auprès des habitants, un crédit que n'aurait pas eu un fonctionnaire passager. Toutefois, lorsque, en sa présence, M. de Vignod remit la lettre du duc au syndic Gordon, en le prévenant que la compagnie arriverait le soir, il fut mal accueilli. Gordon déclara « n'y pas vouloir répondre un mot », et comme M. de Conzié l'invitait à rassembler le conseil de la commune, il s'en fut, et ne revint point. Alors, le gouverneur, Taffino et M. de Vignod descendirent aux nouvelles, et trouvèrent la ville en révolution.

Les esprits, comme on avait pu en juger par l'attitude du syndic, avaient été dès l'abord indisposés par la perspective d'avoir à loger une troupe, alors qu'on venait, peu auparavant, d'héberger la compagnie d'un M. de Comberthon, dont l'on n'avait pas été content. Là-dessus, et pendant que les officiers conféraient au château, les femmes, à cette heure presque seules à la ville, pendant que les hommes s'occupaient à faner dans la campagne, s'assemblèrent et s'échauffèrent mutuellement. Au nombre de cinquante à soixante, et très excitées, elles se précipitèrent à la halle, près de laquelle les soldats gardaient les chevaux, qu'elles chassèrent à grands coups de pierres, batons, hallebardes et fourches, en criant : « Croix-Dieu!, larrons, vous irez dehors! ».L'un des soldats les menaça, en disant que la compagnie, une fois entrée dans la ville, leur ferait bien expier leur insolence. Ce propos mit le comble à leur irritation; le secrétaire Gramone reçut trois coups de pierre, et le valet Bozon un seul, « parce qu'il se fourvoyait tant qu'il pouvait ».

C'est alors que M. de Conzié, avec ses serviteurs, parvint sur la place de l'église, où il possédait une maison. Bien lui en prit, et d'y pénétrer aussitôt, lui et les siens, car ils auraient fort bien pu n'en pas réchapper autrement. Le nombre des femmes avait grossi, de nouvelles venues s'étant jointes aux premières, sans savoir pourquoi on avait commencé; elles étaient plus de cent-vingt, criant et jurant Dieu que les soldats n'entreraient pas. Le gouverneur parut, après un moment, sur la porte de sa maison cernée, et il remontrait aux rebelles « qu'elles faisaient mal de désobéir aux mandats de Son Altesse, et qu'elles se retirassent ».

A quoi Claudine Lenoble, veuve de Jacques Gordan, greffier du capitaine de justice de Bresse et Bugey, répondait avec une verdeur rabelaisienne, mais bien irrévérencieuse, et surtout de la part d'une femme de loi, quant à l'usage bon à faire du papier des mandats, ajoutant avec les autres : « nous ne voulons ni mandats, ni soldats ». Leurs compagnes, cependant allaient à l'entrée de la ville, qui était proche de là, arrachant leurs hallebardes aux deux bourgeois qui s'y trouvaient de garde, leur en donnaient sur le dos pour les punir d'avoir laissé passer Taffino et son escorte, et fermaient enfin la porte, où quelques-unes d'entre elles restaient en sentinelles. D'autres surveillaient la maison du gouverneur, et une cinquantaine d'autres, formées en patrouille, parcouraient la ville, pour accourir si M. de Conzié ou l'un des officiers faisaient mine de vouloir s'évader. La situation devenait grave, et le gouverneur faillit même, dans une sortie qu'il tenta, recevoir un mauvais coup de couteau. En vain offrait-il de contribuer de son blé et de son vin à l'entretien des soldats, les femmes répondaient : « La compagnie du seigneur de Comberthon nous a ruinés; que Son Altesse fasse de nous ce qu'il lui plaira, qu'elle nous fasse pendre, nous ne les logerons point, ils n'entreront pas dans la ville ! »; elles criaient aussi : « que chacun aille chez soi, nous avons la paix, nous ne vous logerons point, quand vous auriez cent ordres ! » Dans une maison voisine de celle du gouverneur, le châtelain de Poncin, M° Pierre Bolliet, se tenait le nez à la fenêtre, et M. de Conzié, le prenant à témoin de ce qui se passait, le priait inutilement de lui en donner acte, pour dégager sa responsabilité : le châtelain refusait, de peur des femmes. L'une de celles-ci, cependant, se laissa arracher à la fin, par surprise, les clefs de la porte, dont le gouverneur se saisit, et une accalmie se produisit, qui lui permit de faire passer les murs aux officiers, en leur disant, en homme qui ne perdait point son latin pour si peu : « Messieurs, ôtez-vous d'ici *a furore populi* ».

Resté seul, il n'avait plus à craindre pour sa sécurité, et aussi bien son devoir lui interdisait d'abandonner la ville; il y assembla les syndics et conseillers, leur disant « qu'ils avaient mal commencé cette affaire, et qu'il fallait penser de mieux finir », qu'au moins ils envoyassent au duc pour demander à être dispensés de loger, et le nommé Bonverger, qui se chargea de cette mission, partit aussitôt pour Chambéry. Cette décision ne changeait rien au reste à la situation dans le bourg, où l'autorité de M. de Conzié, qui ne disposait que de la garnison du château, une vingtaine d'hommes, se trouvait abolie par l'émeute, et celle des syndics ne valait pas mieux. L'un d'eux, André Gordon, aurait voulu, déclara-t-il plus tard à l'enquête, remplir sa charge, mais « il ne pouvait jouir du menu peuple, ni des femmes », il aurait été tué s'il avait résisté, et dut se tenir coi tant que dura la sédition. Son collègue, Pierre Tornier, et leurs conseillers, élus comme eux, pour un an, à la St-Martin précédente, et également interrogés dans la suite, répondirent aussi qu'ils n'avaient pu que patienter avec la « populace » pendant les jours où elle fut maîtresse de la ville, « s'étant lesdits syndics et conseillers contentés de demeurer en ladite ville le plus pacifiquement qu'il leur était possible ».

Cette attitude modeste du pouvoir municipal fut celle aussi de l'autorité maritale. A la vérité, lorsqu'ils rentrèrent, ce samedi 27 juin au soir, des champs où ils avaient fait les foins, les hommes commencèrent par tancer leurs femmes : « vous nous avez mal gouvernés », disaient-ils, et quelques-uns, dans leur ménage, se fâchèrent si fort qu'ils battirent leurs dames. Celles-ci, qui n'avaient pourtant pas lu dans Aristophane *Lysistrata* ni l'*Assemblée des femmes*, avaient prévu le cas et s'étaient mises d'accord pour calmer ces messieurs par la même réponse, en expliquant que les soldats dont elles avaient chassé les chevaux les avaient menacées des pires traitements; elles faisaient un tableau horrible des sévices que la compagnie ne manquerait pas d'exercer, si elle entrait, et parlèrent tant, enfin, « que les maris ne surent que dire ». Ils se résignèrent, puisque le vin était tiré, à le boire, et, puisque leurs épouses surveillaient si bien la porte, qu'on n'ouvrit plus les quatre jours suivants, à laisser leurs foins dehors. A l'ordinaire, en ce temps-là, ils gardaient la ville la nuit, en formant autant d'escouades qu'il y avait de quartiers; cela faisait trois escouades, chacune était commandée par un caporal et composée de quinze à vingt sentinelles, qui se relevaient entre elles, de façon que chaque escouade, à son tour, suffisait au guet nocturne; pour la garde de jour, les syndics désignaient quotidiennement six hommes, à raison d'un par maison. Ce service se fit pendant le règne de l'émeute, mais les femmes, que leurs maris laissaient donc agir, « ne leur disant plus ni bien ni mal », montaient avec eux sur les remparts et veillaient à la porte, décidées à tenir bon surtout, comme il devait plus tard résulter de l'enquête, parce qu'elles se piquèrent de ne pas céder, et par point d'honneur, jusqu'à ce qu'on eût « bonne réponse de Son Altesse ». Elles furent ainsi, du samedi 27 au jeudi suivant, les maîtresses de la ville, où Conzié lui-même, raconta-t-il, ne se montrait pas sans être aussitôt « enveloppé d'une multitude de femmes ».

Cependant, dès ce samedi soir, une heure ou deux après les officiers, la compagnie était arrivée sous les murs de Poncin, gardés comme nous savons. Du haut des remparts, on jeta aux soldats des injures et des pierres. Ils campèrent comme ils purent dans les prés entre la ville et la rivière, et aux moulins de M. de Conzié, mais les habitants ne voulaient, « ni pour or ni pour argent », leur fournir pain ni vin. Le capitaine Taffino et M. de Vignod, à la nuit, tournèrent le long des murailles jusqu'à une poterne dérobée, qui communiquait directement avec le château, où le gouverneur les reçut à souper, tandis qu'il faisait porter peu de chose, en cachette, par le même chemin, aux hommes de la troupe. Le lendemain dimanche, la situation resta la même; les femmes, du haut des murs, criaient aux soldats : « Coquins ! canailles, vous n'entrerez pas ! »; ils étaient toujours réduits aux vivres en pain, vin et fromage que les hommes du gouverneur leur vendaient, paraît-il, quatre fois leur valeur, pour la raison que les habitants avaient menacé de les battre s'ils les voyaient faire. Et ceux de la compagnie devaient venir prendre eux-mêmes ces maigres provisions à la poterne, sous les coups de pierre et les arquebusades qui partaient des remparts; l'un d'eux, Augustin de Marthod, un Chambérien, passant sous le mur à la hauteur de la maison du chanoine Loys, reçut ainsi un coup d'escopette, et fut blessé « sur la cervelle ».

Le lundi 29, pour en finir, Taffino repartit pour Chambéry, afin d'exposer au duc la situation, et nos gens, pendant son absence, demeurèrent sur leurs positions, sans autres incidents que les coups et blessures reçus par plusieurs de ses soldats; M. de Vignod pensa être assommé par une pierre; en ville, les femmes restaient les maîtresses, en dépit de la désapprobation du grand nombre des maris. Enfin, le sixième jour, qui fut le jeudi 2 juillet, le capitaine revint, porteur d'un ordre de Charles-Emmanuel : la troupe devait entrer dans la ville et y loger, nonobstant l'opposition des habitants. Aussitôt avisé, le gouverneur de Conzié fit entrer, par sa poterne, des hommes qui descendirent du château dans le bourg et ouvrirent la grande porte à leurs camarades. Les gens de Poncin, prévenus de leur côté par leur émissaire Bonverger qu'ils n'avaient qu'à céder, ne tentèrent plus aucune résistance; chacun rentra chez soi.

Ce même jour, 2 juillet, après que le Sénat de Savoie eût désigné le conseiller Gay pour informer sur la rébellion, « chose qui ne doit être tolérée », Charles-Emmanuel écrivait à ses chers bien-amés et féaux les châtelains et syndics de Seyssel, Châtillon-de-Michaille, Nantua et Montréal, qu'ils eussent à faire escorter d'arquebusiers, pour la sécurité de son voyage, le sénateur enquêteur et sa suite. Gay parvint ainsi sans encombre à Poncin, où, le 5 juillet, il commença à entendre les témoins et les prévenus. M. de Conzié s'appliqua à décharger tous ceux de ses administrés dont la conduite avait été correcte, mais il dut reconnaître qu'il n'y avait guère dans la ville plus de onze maisons dont les femmes n'eussent pris part à l'émeute. Il révéla en outre que, parmi les quelques hommes qui se trouvaient en ville le samedi, quatre ou cinq avaient encouragé la rébellion, et il nomma entre autres les frères Noble et le boucher Soudan. Comme ils avaient pris la fuite à l'entrée de la troupe, les femmes furent seules à subir l'interrogatoire, les unes individuellement et les autres par groupes. Elles protestèrent qu'elles n'avaient pas cru si mal faire, reconnurent qu'elles auraient dû écouter M. de Conzié « qui les a toujours bien conseillées », et surtout, et c'était leur meilleure défense, elles firent une peinture apitoyante de la vengeance qu'avaient prise après leur entrée les soldats, exaspérés par leurs cinq journées de demi-famine : ils avaient enlevé le blé et le vin, ils avaient empêché de mener le bétail aux champs, ils avaient même battu du monde, et l'on disait qu'Amande Gojon, maltraitée par eux, s'était noyée dans l'Ain.

Ces faits donnèrent à réfléchir à la justice, qui ne se hâta pas de sévir. Au contraire, à la date du 22 mai 1600, soit près de deux ans après les événements, la procédure durait encore, mais bientôt la guerre allait se rouvrir entre la France et la Savoie, et la réunion du Bugey au royaume allait comporter sans doute, pour les femmes de Poncin, un acquittement tacite.

Gabriel PÉROUSE.